Petit précis d'économie appliquée
à l'usage du citoyen pragmatique

Éditions d'Organisation
Groupe Eyrolles
61, bd Saint-Germain
75240 Paris cedex 05

www.editions-organisation.com
www.editions-eyrolles.com

© Groupe Eyrolles, 2007
ISBN : 978-2-212-53826-7

Nicolas Bouzou

Petit précis
d'économie appliquée
à l'usage du citoyen pragmatique

EYROLLES

Éditions d'Organisation

Remerciements

Trois femmes m'ont aidé à rendre cet ouvrage cohérent et, je l'espère, accessible à tous.

Marie Visot décrypte chaque jour l'économie française pour des centaines de milliers de lecteurs. Elle a bien voulu me faire bénéficier de sa compétence et traquer les maladresses, redondances et imprécisions de mon manuscrit.

Ma chère mère, Michèle Bouzou, a accepté de jouer le rôle du candide.

Ma femme, Juliette, m'a aidé sur tous les fronts lors de cette période chargée de notre vie. C'est à elle que je dédie cet ouvrage.

Sommaire

Partie 2

Les vrais problèmes

Partie 3

Les solutions

Introduction

Il est temps de dire la vérité sur l'économie française. Non, nos performances en la matière ne sont pas bonnes. Oui, les politiques économiques menées depuis vingt-cinq ans, à base de « plans de relance » en tous genres, d'endettement public, de dépenses sociales multiples et variées, nous ont conduits dans une impasse. La plupart de nos voisins ont su avant nous retrousser leurs manches et entreprendre les réformes qui s'imposaient ; ils en tirent aujourd'hui les bénéfices.

Voici quelques chiffres pour s'en convaincre. En France, le produit intérieur brut (PIB[1]), qui mesure l'ensemble de la richesse créée dans un pays, a progressé de 10 % depuis 2000. Durant cette même période, il a augmenté de plus de 17 % aux États-Unis, et de plus de 15 % au Royaume-Uni. En France, le PIB par habitant est aujourd'hui inférieur à celui de la Belgique, des Pays-Bas, de l'Irlande ou du Danemark, et bien entendu du Royaume-Uni et des États-Unis. Cela signifie qu'en moyenne, les Français sont moins riches que les Britanniques, les Belges, les Irlandais, etc. Cette dégradation relative des performances économiques françaises a-t-elle au moins été accompagnée d'une réduction des inégalités ? Même pas… Le rapport interdécile[2] a cessé de se réduire depuis 1980, et environ 10 % des Français vivent aujourd'hui

---

1. Le PIB mesure la somme des biens et des services produits sur un territoire donné. L'expression « croissance économique » renvoie à la croissance du PIB.
2. Ratio entre le niveau de revenu au-dessus duquel se situent les 10 % de personnes les mieux payées et le niveau au-dessous duquel se trouvent les 10 % de personnes les moins bien payées.

en deçà du seuil de pauvreté[1]. Le fameux modèle social français n'empêche pas la pauvreté. Ayons-le courage de nous demander s'il n'en fabrique pas !

La France n'est plus que le 15e pays le plus riche du monde

PIB courant par habitant (dollars, 2004)

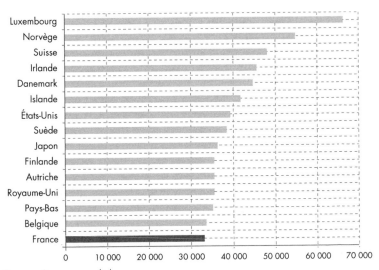

Source : Banque mondiale.

Les piètres résultats économiques de la France ne servent pas qu'à alimenter les débats de salon, ils ont des répercussions très concrètes sur notre vie quotidienne. Entre 1995 et 2004, le pouvoir d'achat[2] des ménages vivant en France a augmenté de

---

1. En France, le seuil de pauvreté est fixé à 50 % du niveau de vie médian.
2. Le pouvoir d'achat mesure l'ensemble des revenus des ménages auquel on retire les charges d'intérêt (intérêts remboursés au titre des emprunts contractés), les impôts directs et l'inflation. L'ensemble des revenus est composé des salaires, des revenus de la propriété, et notamment des dividendes (part des bénéfices nets d'une société versée aux actionnaires), et des transferts sociaux (revenus provenant de l'État comme les allocations familiales).

moins de 25 %, ce qui est faible pour un pays développé. À titre de comparaison, celui des Britanniques a gagné 30 %, celui des Américains 35 % et celui des Irlandais 60 %. Les Britanniques rachètent les demeures et châteaux de nos provinces parce qu'ils sont devenus plus riches que nous !

Si la France reste malgré tout un pays prospère, ce qui se traduit notamment par l'une des espérances de vie à la naissance les plus élevées au monde, ce n'est pas immuable, et il existe bien un déclin économique relatif de la France. Pour faire écho à Nicolas Baverez[1], si la France ne tombe pas, elle évolue sur une pente glissante, et depuis un certain temps. Le niveau de vie[2] augmente plus rapidement dans bon nombre d'autres pays, ceux qui ont pris à bras-le-corps leurs grands problèmes économiques. Que risquons-nous au bout du compte à ne pas réagir ? Un appauvrissement collectif rampant. Nous sommes déjà sur la voie…

Pourtant, il devrait être assez simple d'infléchir cette tendance, pour au moins deux raisons.

D'une part, de nombreux pays nous ont devancés sur le chemin des réformes : les pays anglo-saxons et scandinaves bien sûr, mais également l'Espagne et même dans une moindre mesure l'Italie. Savez-vous que le chômage est presque inexistant en Suède, au Danemark, aux Pays-Bas, en Irlande, en Norvège ou en Suisse ? Nous pouvons ainsi analyser ce qui se passe dans ces pays, nous inspirer du meilleur et laisser le moins bon.

D'autre part, la très grande majorité des observateurs s'accorde sur ce qu'il conviendrait de faire en France : assouplir le marché du travail et mieux accompagner les demandeurs

---

1. Auteur de *La France qui tombe*.
2. Mesuré par le PIB par habitant.

d'emploi, ouvrir les secteurs protégés à la concurrence, diminuer les frais de fonctionnement de l'État, rendre aux entreprises les moyens de prospecter à l'étranger, taxer davantage la consommation immédiate et moins l'intelligence et l'innovation… Quel économiste n'acquiescerait pas à ces propositions de bon sens ? Même les hommes politiques, en tout cas ceux issus de partis modérés, sont du même avis. Malgré cela, « les Français ne sont pas encore prêts à l'entendre ».

Les discussions sur ces sujets demeurent bien souvent des conversations entre « experts ». Peut-être manque-t-il aux Français quelques données pour appréhender correctement la question ? Cet ouvrage se propose de combler cette lacune. Il s'adresse aux citoyens désireux de comprendre les grands enjeux des débats économiques actuels : mondialisation, fiscalité, temps de travail, flexibilité, réforme de l'État… J'espère qu'il vous intéressera, même (et surtout !) si vous n'êtes pas versé dans l'économie. Aujourd'hui, l'évolution du monde nous oblige à prendre rapidement les bonnes décisions. Mon but est de vous fournir les éléments qui vous permettront de vous forger votre propre opinion sur l'économie française.

Partie 1

LES « NON-COUPABLES »

« Les pays émergents nous font une concurrence déloyale, car les salariés y sont sous-payés et bénéficient d'une faible ou inexistante protection sociale (ce qui diminue encore les charges à payer). »

« Les fonds de pension anglo-saxons étranglent nos entreprises en leur imposant des taux de rentabilité excessifs. »

« Les patrons sont incompétents et trop payés. »

« L'Europe nous asphyxie en édictant ses normes d'inflation et de finances publiques… »

Ces rengaines devraient être l'apanage des extrêmes, de droite ou de gauche, et pourtant, elles reviennent même dans la bouche d'esprits modérés. Il est sûrement plus facile de rejeter les causes de nos maux sur les autres, plutôt que d'assumer nos propres responsabilités.

Pourtant, l'entrée en lice des marchés émergents, la place croissante des marchés financiers dans l'économie ou la rigueur que nous imposent par bonheur certains traités européens ne sont pour rien dans nos difficultés. Bien souvent au contraire, elles contribuent à améliorer le potentiel de notre économie.

En réalité, les faiblesses françaises ne sont liées qu'à nos propres erreurs de jugement ou à notre manque de courage collectif. Le bon côté des choses est que nous pouvons nous relever tout seuls. Voici, à partir de propos fréquemment entendus, quelques compléments d'informations qui vous permettront de discerner les idées fausses de la réalité.

© Groupe Eyrolles

Chapitre 1

« C'est la faute de la mondialisation »

Selon un sondage Globalscan réalisé en 2006, la mondialisation constitue une menace pour 72 % des Français. Or il n'est pas toujours simple pour un économiste de comprendre pourquoi ce terme a acquis une connotation aussi péjorative. Comment peut-on se déclarer « antimondialiste » ? L'insertion dans la mondialisation, c'est-à-dire dans le commerce international, est la meilleure chance de développement des pays pauvres. Importer des biens d'équipement, exporter des biens de consommation, attirer les investissements étrangers pour bénéficier de transferts de technologie : voilà des recettes simples mais éprouvées qui ont permis, hier au Japon et à l'Asie du Sud-Est, aujourd'hui à la Chine, à l'Inde ou au Brésil, de monter dans le train du développement...

Pour saisir la mutation qui se déroule sous nos yeux, un court rappel historique s'impose. Le début des années quatre-vingt-dix ne correspond pas seulement au passage des pays du bloc de l'Est à l'économie de marché. C'est également, en Chine, l'appel de Deng Xiaoping pour davantage de liberté économique (en 1992), mais aussi l'ouverture de l'économie indienne, la rupture avec le « socialisme à l'indienne » de Nehru. En quelques années, presque la moitié de l'humanité a rejoint l'économie de marché !

Plus récemment, en particulier sous l'égide et grâce aux conseils plus avisés qu'on ne le dit parfois du FMI, des pays comme le Brésil ou, moins loin de nous, la Turquie ont confirmé leur choix d'entrer de plain-pied dans l'économie de marché et dans la mondialisation. Quel fut le résultat ? Tous ces pays se sont engagés dans une phase accélérée de développement, et de véritables classes moyennes sont apparues. Est-ce une menace pour nous ou une opportunité ? Les deux bien sûr, mais surtout une opportunité.

« Les entreprises iront toujours produire à l'endroit où les salaires sont les plus bas »

Peu de termes sont plus anxiogènes que celui de *délocalisation*, qui traduit le déménagement d'une unité de production de la France vers l'étranger, afin de réimporter dans l'Hexagone les produits confectionnés hors de ses frontières. En septembre 2004, *la Tribune* révélait que la lutte contre les délocalisations constituait pour les Français la priorité du gouvernement, devant l'amélioration du pouvoir d'achat et les baisses d'impôts. En 2005, Laurent Fabius justifiait son virage à gauche et appelait à voter « non » au référendum sur le Traité constitutionnel européen en brandissant la menace des délocalisations dans les pays de l'Est. Durant la campagne présidentielle de 2007, plusieurs candidats ont fait de la lutte contre les délocalisations un *leitmotiv*.

Bruits de couloir

Ces craintes sont compréhensibles, car certains chiffres donnent le vertige. Les coûts salariaux dans l'industrie chinoise sont environ 30 fois moins élevés que ceux des pays les plus développés (dont la France). Les ouvriers chinois sont peu payés, car ils sont très nombreux et se recrutent à foison. Théoriquement, l'ensemble de la population chinoise qui vit dans les campagnes pourrait être employée dans les villes côtières soumises à une croissance ultrarapide, comme Shanghai ou Canton. Cette main-d'œuvre abondante, presque illimitée, tire les salaires vers le bas. Plus précisément, on estime que 20 millions de travailleurs chinois venus des campagnes rejoignent ainsi l'économie de marché chaque année ! À deux heures de vol de Pékin, l'agglomération de Chongqing, qui compte 31 millions d'habitants, en gagne 500 000 nouveaux par an. Le résultat de ces « migrations » est que les entreprises chinoises sont capables de produire des biens manufacturés avec des prix de revient extrêmement bas, ce qui profite largement aux consommateurs occidentaux. Depuis 2000, les prix de détail des jeux et des jouets que nous offrons à nos enfants ont reculé de 8 %. Ceux de l'électroménager ou de l'électronique de loisir sont aussi en baisse, ce qui accroît notre pouvoir d'achat. Cette hausse est donc en grande partie due à l'exploitation des campagnes chinoises par les villes côtières.

À ceux qui critiquent d'instinct la mondialisation, j'ai souvent envie de demander s'ils s'interdisent par pure éthique personnelle d'acheter des produits *made in China*. Ce sont les moins riches d'entre nous qui bénéficient de la mondialisation. En effet, plus un ménage dispose d'un revenu élevé, plus dans sa consommation la part de produits manufacturés (ceux dont le prix recule grâce à la mondialisation) baisse. Inversement, plus un ménage est pauvre, plus il achète de produits manufacturés. Ainsi, la mondialisation profite le plus aux consommateurs qui ont le moins de moyens.

La baisse des prix des jouets et de l'électroménager
Indice de base 100 en janvier 1998

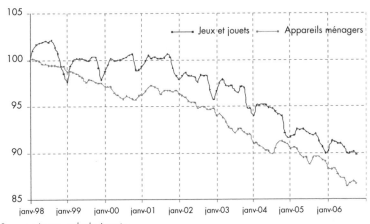

Source : Insee, calculs Asterès.

Outre le secteur du jouet, de grandes industries comme celles du vêtement, de l'électroménager ou de l'électronique ont presque déserté les territoires occidentaux pour se déplacer vers l'Est. Une partie de ces transferts de production correspond à ce que l'on appelle des délocalisations. Les syndicats et le grand public s'émeuvent de ce phénomène qui se traduit par des fermetures de sites et des pertes d'emplois. Certes le problème existe, mais il faut le mettre en perspective.

Un phénomène plus spectaculaire qu'important

Les ordres de grandeur en jeu sont en effet faibles. L'économiste français Philippe Martin a calculé que durant la décennie 1990, 90 000 pertes d'emplois étaient imputables aux délocalisations. Sachant qu'environ 10 000 emplois sont créés et détruits en France tous les jours, ce chiffre semble dérisoire. Pourquoi n'y a-t-il pas même davantage de délocalisations ? Tout simplement parce qu'il est extrêmement compliqué en pratique de délocaliser. En effet, si les salaires sont faibles dans les marchés émergents, la productivité l'est souvent également, car les travailleurs sont moins bien formés que dans les pays riches. Par ailleurs, les méthodes de management des organisations ne sont appliquées que depuis peu, et la qualité des infrastructures laisse souvent à désirer. Enfin, il est difficile de rentabiliser une délocalisation pour les biens volumineux ou lourds exigeant des coûts de transport et de logistique élevés (acheminer des congélateurs de la Chine vers l'Europe peut coûter très cher !).

Faire de la lutte contre les délocalisations une obsession de la politique économique, c'est regarder la mondialisation par le plus petit bout de la lorgnette ! Cela ne signifie pas qu'il faille se désintéresser de la question. Simplement, il s'agit d'un problème de redistribution : la mondialisation fait de nombreux gagnants, mais aussi un certain nombre de perdants. Les emplois créés par la mondialisation ne sont pas les mêmes que ceux qui sont détruits.

Le consultant multilingue, le dirigeant d'une société d'informatique ou le gestionnaire de fonds sont assurément gagnants. En tant que consommateurs, ils bénéficient comme les autres des prix bas permis par la compétition internationale. En tant que salariés, ils voient s'ouvrir devant eux un marché mondial et sont encore peu concurrencés par les pays émergents. Pour les employés du secteur des services aux ménages (nourrices, plombiers, électriciens, coiffeurs…), la mondialisation est aussi plutôt positive. Ils en profitent en tant que consommateurs, et leur emploi ne peut par nature être délocalisé. Bien entendu, le cas des salariés d'équipementiers automobiles ou de constructeurs d'électroménager est différent. Pour eux, la menace chinoise ou indienne ne relève pas du fantasme…

« La vague chinoise va nous submerger »

« Dans un œuf, y'a du blanc et du jaune, eh ben quand on mélange, y reste plus que du jaune. » Voilà comment, en 1979, Coluche résumait la pensée française à l'égard de l'ouverture de la Chine au reste du monde. Plus de vingt-cinq ans après, les esprits n'ont guère évolué. La Chine est considérée comme un immense trou noir qui va faire disparaître notre industrie, nos emplois et le pétrole de la planète entière. Et ce n'est pas la production littéraire française sur la question qui va nous rassurer, les titres des ouvrages publiés ces dernières années sont éloquents : *La Chine sera-t-elle notre cauchemar ?*[1], *La victoire de la Chine : l'Occident piégé par la mondialisation*[2], *L'Empire Chinois*[3], etc.

L' « atelier chinois » et le « bureau indien »

Pourtant, force est de constater que les économies occidentales savent très bien utiliser l'« atelier chinois », le « bureau indien[4] », ou plus généralement l'ensemble des pays émergents dans lesquels il peut être rentable de produire aujourd'hui.

Revenons aux délocalisations. Quand elles sont nécessaires, elles ont des retombées positives pour l'entreprise qui en est à l'origine. Lorsqu'un chef d'entreprise décide de délocaliser une partie de sa production, il le fait évidemment pour rester compétitif, et non pour toucher du doigt les mystères de l'Asie. Face à une structure souffrant de coûts fixes[5] trop éle-

---

1. Philippe Cohen et Luc Richard (Mille et une nuits, 2005).
2. Jean Mandelbaum et Daniel Haber (Descartes Et Cie, 2001).
3. Pierre Picquart (Favre, 2004).
4. Les délocalisations en Chine concernent plutôt des productions manufacturières ou ouvrières, tandis qu'en Inde, il s'agit plutôt de services (traitement de texte, comptabilité, prestations informatiques…).
5. Coûts qui ne peuvent être diminués, même quand la conjoncture est mauvaise (loyer, masse salariale, électricité…).

vés, ne pas agir revient à condamner l'emploi, l'investissement, et *in fine* à mettre en danger la pérennité de la société. Les entreprises américaines et japonaises l'ont compris avant les autres : elles utilisent les pays émergents comme « ateliers », afin d'augmenter leur propre compétitivité et de créer davantage d'emplois dans leur propre pays. Ainsi, Dell ne fait plus guère que de l'assemblage sur le sol américain, et évidemment de la conception et du marketing, et importe ses composants d'Asie ou d'autres pays émergents. Pour résumer, les Américains et les Japonais conservent l'amont (recherche et développement, conception des produits, définition des services) et l'aval (marketing, distribution), mais délocalisent la production manufacturière.

Cette façon de faire présente deux avantages. D'une part, les activités en amont et en aval sont les mieux rémunérées, car ce sont elles qui génèrent le plus de valeur ajoutée. Les entreprises attirent donc de bons collaborateurs et les payent en conséquence. D'autre part, les conjoncturistes le savent bien, les activités de production manufacturière sont les plus volatiles[1], tandis que celles concernant la conception, le marketing et la distribution sont plus stables. En somme, tout se passe comme si les entreprises japonaises et américaines avaient délocalisé les fluctuations vers les pays émergents.

Des bénéfices partagés

Chacun tire avantage de la situation. Les Américains et les Japonais optimisent leurs coûts, augmentent leurs salariés, conservent les métiers les plus productifs et les mieux payés,

---

1. Lorsque la demande en produits manufacturés augmente, l'entreprise accroît sa production pour répondre à cette demande, mais aussi pour constituer des stocks (la production augmente donc plus que la demande). En revanche, il n'est pas possible par nature de constituer des stocks pour les activités de services, qui ne font donc que répondre strictement à la demande.

diminuent la volatilité des chiffres d'affaires et sont plus compétitifs. Les salariés des pays émergents ont du travail, bénéficient de transferts de compétence et de technologie, et s'enrichissent progressivement (ce qui en retour ouvre des marchés aux pays du Nord).

La mondialisation ne peut se réduire aux échanges commerciaux entre les pays, c'est la réorganisation des entreprises sur une base mondiale. Si les Français avaient conscience de tout cela, ils envisageraient les délocalisations (et l'émergence de la Chine) d'une façon plus positive.

Le très net redressement de l'économie japonaise depuis 2005 est à ce titre riche d'enseignement et montre qu'il n'y a pas de fatalité en économie. En effet qui, plus que les Japonais, aurait pu se sentir mis en péril par la course folle de l'économie chinoise ? Les entreprises japonaises ont pourtant su transformer la menace chinoise en opportunité, en envisageant les industriels chinois comme des partenaires plus que comme des concurrents. Elles utilisent ainsi la Chine comme atelier et se réservent la production dans le domaine des technologies de pointe, investissant massivement en recherche et développement, ce qui a permis de commencer à réindustrialiser le pays. Voilà la preuve que, même dans le cadre d'économies très développées, où les salaires sont élevés, les entreprises industrielles peuvent s'inventer un avenir dans le haut de gamme.

« La mondialisation, c'est l'exploitation des pays pauvres par les pays riches »

Nous qui avons la chance de pouvoir renouveler au moins partiellement notre garde-robe tous les ans, sommes-nous les agents involontaires de l'exploitation de l'Orient par l'Occident ? Devons-nous culpabiliser d'être à la recherche du prix le plus bas et de la promotion la plus avantageuse ? Agissons-nous au détriment du petit industriel vietnamien ou malais ?

Bangalore, en Inde, accueille chaque semaine deux à trois nouveaux investisseurs étrangers (centres d'appel, sociétés informatiques, cabinets de conseil…), au profit de ces derniers bien entendu. Il est vrai que les salaires de Bangalore ne sont pas ceux de la Silicon Valley, ni même de l'Île-de-France. Néanmoins, peut-on parler d'exploitation, dans la mesure où tout est fait à Bangalore pour attirer ces investisseurs ? La population locale, les plus jeunes surtout, s'y retrouve. Une nouvelle classe moyenne apparaît, qui part davantage en vacances à l'étranger, achète des vêtements chics et accède de plus en plus à la propriété. Certes, les inégalités se creusent, mais pas parce que certains s'appauvrissent. Au contraire, les disparités s'accroissent parce que les ingénieurs indiens de Bangalore s'enrichissent rapidement. Il est vrai qu'à 100 kilomètres de Bombay, on rencontre encore des agriculteurs travaillant dans des conditions dignes du Moyen Âge, mais c'était encore pire avant ! Alors où est l'exploitation ?

Dans ce nouveau monde, les pays émergents qui ouvrent leurs frontières aux investissements étrangers, lèvent leurs barrières commerciales, respectent les droits de propriété, développent des universités de haut niveau, sont condamnés à… devenir aussi riches que nous. Ce n'est sûrement pas pour leur déplaire !

26   Les « non-coupables »

Les pays émergents attirent de plus en plus d'investissements

Flux nets de capitaux privés à destination des pays émergents
(milliards de dollars)

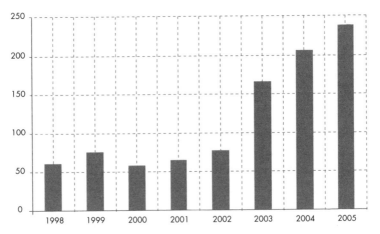

Source : FMI.

La culpabilité n'est donc pas de mise, car nous venons de le voir, dans cette économie mondialisée, chaque partie trouve son compte : les consommateurs occidentaux qui bénéficient de prix de plus en plus bas, les entreprises des pays riches qui se concentrent sur les tâches à forte valeur ajoutée, les salariés des pays émergents qui trouvent plus facilement du travail et s'enrichissent progressivement. Toutes les études empiriques démontrent que, depuis les années soixante-dix, les pays qui se sont ouverts sur l'extérieur ont connu une croissance supérieure à ceux qui sont restés fermés. Ces mêmes études rapportent en outre que les pays émergents profitent plus de l'ouverture que les autres[1].

---

1. Voir par exemple Daniel Cohen, *La mondialisation et ses ennemis.* Daniel Cohen rappelle aussi que les économies ouvertes sont moins sujettes à la corruption et au népotisme que les économies fermées.

© Groupe Eyrolles

Pourquoi y a-t-il alors encore un milliard de personnes qui vivent avec moins d'un euro par jour ? Parce que, du développement à l'éradication de la pauvreté, la route est longue, très longue même... Par ailleurs, de l'Afrique à l'Amérique latine, certains pays ne sont pas entrés dans la ronde du commerce mondial. Enfin, il ne faut pas oublier que même si le nombre de pauvres reste très élevé, leur part dans la population mondiale n'a sans doute jamais été aussi faible.

« Les enfants des pays riches jouent avec des jouets fabriqués par les enfants des pays pauvres »

75 % des jouets sont fabriqués en Chine. Le bonheur de nos enfants à Noël est-il la source du malheur de petits Chinois qui, au lieu d'aller à l'école, s'abîment la santé à travailler jusqu'à l'épuisement ? Le sujet est extraordinairement complexe, et l'analyse délicate à manier, tant le travail des enfants déchaîne à juste titre les passions. Le travail des enfants est une réalité dans de nombreux pays émergents. Selon l'Organisation internationale du travail, plus de 200 millions d'enfants et d'adolescents sont concernés dans le monde, essentiellement en Asie et dans le secteur agricole. Il n'est pas rare que les petits Indiens issus des campagnes aillent servir comme domestiques chez les bourgeois de Delhi, et envoient chaque mois une bonne partie de leur salaire à leur famille restée aux champs.

Heureusement, de plus en plus de donneurs d'ordre occidentaux, sous la pression avisée de leurs consommateurs, n'acceptent plus cette situation. L'éthique et le développement durable font davantage partie des préoccupations des multinationales, qui n'agissent pas par philanthropie naturelle, mais par intérêt. Pour une entreprise, faire montre d'un comportement irréprochable, c'est augmenter la valeur de sa marque, de ses profits futurs et de sa cote boursière. De grands groupes comme Ikea signent ainsi des partenariats, avec l'Unicef ou l'OMC par exemple, dans le but de mener des actions communes de sensibilisation auprès des sous-traitants locaux. Ne soyons pas naïfs, ce n'est pas la seule envie d'œuvrer pour l'humanité qui a conduit les dirigeants d'Ikea à interdire aux fournisseurs le travail des enfants ou à s'illustrer en matière de protection de l'environnement ! Leur souhait est que les consommateurs, en achetant un meuble Ikea, pensent qu'ils contribuent à façonner un monde meilleur. Plus souvent qu'on ne le croit, éthique et profit se rejoignent…

Malheureusement, la seule stratégie marketing d'une poignée de multinationales ne sera pas suffisante pour éradiquer le travail des enfants. Pour bien comprendre de quelle façon la situation peut s'améliorer, il faut connaître les racines du mal. Dans les pays occidentaux, le travail des enfants n'a commencé à refluer que très tardivement, souvent à partir de la seconde partie du XXe siècle. Cette régression est due pour une petite part à l'évolution législative ou à la pression des syndicats, et pour une très grande part à l'augmentation générale du niveau de vie. En effet, dans la majorité des cas, le travail des enfants (plutôt que leur scolarisation) constitue pour les habitants des pays pauvres un moyen de survie.

Certains gouvernements bien intentionnés peuvent faire voter des lois l'interdisant ; elles resteront lettre morte car les familles concernées n'ont pas le choix. Évidemment, l'argument selon lequel la scolarisation d'un enfant constitue un investissement (un enfant qui apprend à lire, à écrire et à compter pourra au bout du compte rapporter davantage à sa famille) est formellement juste. Malheureusement, il n'est pas valable lorsqu'il est question de survie à court terme. Quand l'économie d'une nation prospère, ses habitants deviennent plus riches et le travail des enfants régresse. Voilà pourquoi les pays qui ont fait le choix d'entrer dans la mondialisation et dans le développement, comme l'Inde ou le Brésil, verront à coup sûr le travail des enfants refluer sur leur sol, au fur et à mesure de leur évolution.

« On ne va quand même pas faire venir des plombiers polonais ! »

Ce désormais fameux plombier polonais en aura fait couler de l'encre et de la salive… et pas seulement chez les extrémistes ! Cet épouvantail a été brandi par les opposants au Traité constitutionnel européen pour démontrer que la libre concurrence entre pays riches de la vieille Europe[1] et pays moins riches de la nouvelle Europe[2] ne pouvait se faire qu'à notre détriment. N'était-ce pas un suicide collectif d'accepter la compétition entre un plombier français, bien rémunéré et bénéficiant d'une coûteuse Sécurité sociale, et un plombier polonais ayant un salaire quatre fois moins élevé sans protection sociale ?

Le raisonnement des ennemis du plombier étranger était le suivant : nous ne pouvons pas nous battre à la loyale avec des pays dans lesquels il n'existe pas de normes environnementales, où les salaires sont faibles et qui n'offrent pas de protection sociale. Pourquoi ? Parce que les coûts de production y sont automatiquement plus faibles que chez nous, les entreprises n'étant pas soumises aux mêmes exigences. Si l'on suit ce genre d'argument, la France devrait refuser presque toutes les formes d'importation ou d'investissement étranger sur son sol. Si nous ne devons faire des affaires qu'avec des pays dans lesquels la protection sociale est plus coûteuse que chez nous et le coût du travail plus élevé, nous risquons de nous retrouver en autarcie.

---

1. La France, l'Allemagne, l'Italie…
2. La Pologne, la Hongrie, la République tchèque…

La plupart des hommes politiques ont proposé de contourner cet obstacle en subventionnant les pays concernés (ceux de l'ancien bloc soviétique) et en leur demandant en contrepartie d'augmenter leur niveau de protection sociale. Le but était d'arriver dans ce domaine à une certaine harmonisation « par le haut ». Or ces pays n'ont pas du « haut » la même notion que nous. Pour eux, l'évolution passe par une croissance économique plus forte, un pouvoir d'achat plus élevé et un taux de chômage plus faible. Aucun d'entre eux, allez savoir pourquoi, ne désire apparemment échanger son développement contre notre généreuse protection sociale ou notre fiscalité… Devons-nous alors construire une ligne Maginot économique ou accepter la concurrence de ces pays comme un stimulus ?

Enfin, n'oublions pas non plus que la France va devoir faire face dans les années qui viennent à une pénurie de main-d'œuvre dans certains secteurs[1] :

• pour des raisons démographiques d'une part, le taux de fécondité en France n'est pas suffisamment élevé pour permettre le renouvellement des générations ;

• pour des raisons liées à la formation d'autre part, car nous avons sans doute formé ces dernières décennies un peu trop de sociologues, et pas assez de plombiers, de couvreurs, d'agents d'entretien ou d'assistantes maternelles.

Ce manque de main-d'œuvre pénalise notre potentiel de croissance. Prenons le cas des nourrices. Selon toute vraisemblance, il en manque en France par rapport à l'ampleur des besoins. Or la nourrice a un rôle économique : en gardant les

---

1. Du strict point de vue de l'économie, une plus forte immigration sera nécessaire à l'horizon 2010.

enfants, elle permet aux deux parents de travailler et de contri-buer à l'augmentation de la richesse nationale, ce qui en retour est favorable à l'emploi.

« Pourquoi écouler nos marchandises à l'étranger, alors qu'ici des gens n'ont rien ? »

N'est-ce pas scandaleux d'exporter nos produits alimentaires alors que les *Restaurants du cœur* ne désemplissent pas ? La mondialisation ne nous amène-t-elle pas à regarder trop loin et à ne pas voir ce qui se déroule à nos portes ? Nous pourrions retourner la question : pourquoi ne pas faire bénéficier les pays émergents du savoir-faire accumulé par l'Europe et les États-Unis depuis la révolution industrielle ? Ils souhaitent acheter nos produits, et nos entreprises souhaitent les vendre… La classe moyenne chinoise compte environ 300 millions de personnes ; s'en désintéresser serait une faute ! La taille de l'économie chinoise (mesurée par son PIB) sera équivalente à celle du Japon en 2015 et à celle des États-Unis en 2040. L'Inde dépassera la France en 2020.

D'ici moins d'un demi-siècle, la configuration des grandes puissances économiques aura donc considérablement évolué ; nous devons en tenir compte dès maintenant. De ce point de vue, l'accélération du développement des marchés émergents constitue une chance pour nos entreprises, en tout cas pour celles qui ont les moyens de prospecter à l'étranger. Il n'est pas toujours facile de trouver des relais de croissance dans nos pays à la démographie essoufflée et aux marchés souvent saturés (automobile, textile, agroalimentaire…). Dans de nombreux secteurs industriels, mais pas seulement, le développement et donc la progression de l'emploi passent par des implantations en Inde, en Chine, au Brésil ou en Turquie. C'est là qu'il faut vendre aujourd'hui, car c'est là que se trouvent la démographie et les revenus les plus dynamiques.

Mais ce n'est pas tout. Les industries haut de gamme (pharma-
cie ou nouvelles technologies), dans lesquelles la France aime-
rait bien se spécialiser, demandent des investissements en
recherche et développement (R & D) de plus en plus considérables[1]. L'amortissement de ces investissements nécessite donc
des productions extrêmement longues. Une PME limitée aux
marchés français ne peut investir dans la recherche, car elle ne
pourrait jamais rentabiliser son investissement. Pour dépenser
en R & D, une entreprise doit pouvoir s'adresser à l'ensemble
de la demande mondiale. Peut-on imaginer qu'EADS serait
rentable en ne s'adressant qu'au marché français ? De la même
façon, si Michelin a pu conserver son siège social à Clermont-
Ferrand, c'est parce que le groupe a la capacité d'exporter des
pneus dans le monde entier.

« La mondialisation détruit notre environnement »

Pour les antimondialistes, cette assertion est si évidente qu'elle
devrait être considérée comme un fait établi. Greenpeace
affirme que « la libéralisation du commerce à tout prix mène à
davantage d'inégalités environnementales et sociales et affaiblit
la démocratie[2] ». Selon les Verts français, « l'ouverture continue des marchés se fait sans aucune considération pour les
normes sociales, environnementales et démocratiques[3] ».

En augmentant la croissance de l'économie mondiale, la mondialisation est accusée d'amener les entreprises à piller les ressources du globe (pétrole, eau, bois…) et de générer d'insou-

---

1. Selon la définition de l'OCDE, les dépenses en recherche et développement
   regroupent les travaux entrepris en vue d'accroître la somme des connaissances
   disponibles dans la société, et l'utilisation de cette somme de connaissances
   pour de nouvelles applications.
2. www.greenpeace.org/france
3. www.lesverts.fr

tenables émissions de polluants, notamment de gaz à effet de serre. Pour résumer, de la mondialisation à Rita et Katrina, il n'y aurait qu'un pas. Il est vrai que la forte croissance industrielle engendrée par la mondialisation génère une consommation soutenue de matières premières. Si le cours du baril de pétrole est passé en quelques années de 10 à 70 dollars, c'est parce que des pays comme l'Inde ou la Chine sont devenus de gros consommateurs. Faut-il craindre pour autant une pénurie de matières premières ? Certainement pas, l'homme a le génie d'inventer en permanence des solutions aux problèmes qui se dressent devant lui. La flambée du prix du pétrole a fait prendre conscience à chacun que viendra nécessairement un moment où la production de cette denrée rare diminuera. Il faudra alors se tourner vers d'autres sources d'énergie. Les Français semblent tentés par la technologie du « charbon propre[1] ». Après presque trente ans sans aucun projet de ce type, les États-Unis sont prêts à construire de nouvelles centrales nucléaires, voire une usine de retraitement de déchets comme celle de La Hague. Au cœur de ces réflexions, la protection de l'environnement tient une place de choix.

Des accusations infondées

Au sein de l'économie mondialisée, les entreprises sont à la recherche de faibles coûts de production. Elles sont soupçonnées de vouloir déplacer leurs sites de production des pays les plus rigoureux en matière de pollution vers ceux dans lesquels la protection de l'environnement n'est pas une contrainte. Autrement dit, la production aurait tendance à se déplacer du Nord, où les normes antipollution sont les plus strictes, vers le Sud, où elles sont plus lâches. *In fine*, les pays du Nord seraient

---

1. Cette technologie permet de *réduire* l'impact environnemental de l'utilisation du charbon.

amenés à abaisser leurs exigences environnementales pour
tenter de rapatrier les capitaux partis au Sud. Pour les défen-
seurs de ces théories, la mondialisation de l'économie devrait
donc nous conduire à plus ou moins long terme à un véritable
cataclysme écologique.

Ce phénomène de délocalisation pour des raisons de normes
écologiques a pu se produire dans certains secteurs, comme la
tannerie ou l'exploitation minière. Toutefois, il n'existe pas à
l'heure actuelle d'études chiffrées montrant que ce phénomène n'ait été autre que négligeable. Par ailleurs, les pays du
Nord n'ont pas abaissé leurs exigences environnementales, ils
les ont même relevées. Quant aux pays du Sud, ils sont moins
sensibles à la problématique environnementale, sauf quand leur
intérêt économique est en jeu ! Ainsi, le gouvernement chinois n'est pas indifférent au fait que la pollution dans les villes
côtières rende difficile la pratique de l'aquaculture…

D'une façon plus générale, les multinationales qui respectent
scrupuleusement les normes environnementales réglementaires, ou celles qui font du zèle et vont encore plus loin, ne sont
pas pénalisées financièrement. Plusieurs études ont montré
que, pour un type de production donné, les entreprises les
moins polluantes sont aussi les plus rentables, parce que ce sont
elles qui innovent le plus et qui sont à la pointe en matière de
management et d'organisation. L'excellence économique va
souvent de pair avec l'excellence écologique.

L'environnement, une préoccupation de pays riches

En fait, les Cassandre antimondialisation font l'impasse sur un
point essentiel : la mondialisation, en élevant les revenus dans
les pays pauvres, amène les citoyens à être de plus en plus exigeants en matière d'environnement. Si la défense de l'environnement est une nécessité pour la survie de l'espèce, il s'agit en
pratique d'une occupation de riches, qui demande du temps

libre et de l'argent. Il est donc illusoire de demander aux Bangladais d'utiliser des procédés moins polluants, à moins que nous n'acceptions d'en financer la plus grande partie. En revanche, lorsqu'une classe moyenne apparaît, la préoccupation environnementale prend de l'ampleur. Le fait que les pays émergents attirent des investissements étrangers, et fassent donc venir sur leur sol les technologies développées dans les pays riches, leur permet de les imiter. Par ailleurs, quand une entreprise du Nord investit dans un pays du Sud (ou de l'Est) moins riche, elle y apporte un processus de production développé chez elle, et donc relativement moins polluant que les procédés en cours localement. En ce sens, la mondialisation a plutôt tendance à freiner la dégradation de l'environnement que l'inverse.

En tout état de cause, il n'existe pas vraiment de preuve tangible démontrant que la mondialisation est défavorable à l'environnement. Il revient donc aux États de prendre leurs responsabilités, éventuellement en coopérant les uns avec les autres. Que ceux qui, par exemple, acceptent l'idée du lien entre développement économique et réchauffement climatique prennent les mesures fiscales ou réglementaires nécessaires, ou qu'ils investissent dans le nucléaire ! Mais que l'on cesse, au nom de la survie de l'humanité, d'accuser les multinationales ou les pays émergents de déclencher des ouragans…

« Il faut encadrer la mondialisation »

Un travers assez français consiste à penser qu'il est possible de tout encadrer. Les hommes politiques en particulier nous resservent jusqu'à l'épuisement la nécessité « d'une mondialisation certes, mais régulée ». Or la mondialisation n'est pas une sorte de pâte à modeler déformable à l'envi. Elle n'est rien d'autre que la volonté d'êtres humains d'échanger, de commercer et de voyager. Si aujourd'hui elle est possible, c'est en

grande partie parce que les coûts de transport (aérien en particulier), pour les hommes comme pour les marchandises, ne
sont plus prohibitifs. Le *Bureau of economic analysis* américain a
ainsi calculé qu'une baisse de 1 % des coûts de transport
entraînait une augmentation de 2 à 4 % des importations de
biens intermédiaires destinés à être transformés (composants
électriques et électroniques, produits métalliques ou en bois,
produits minéraux…). Espérons que la montée du risque ter-
roriste ne viendra pas réduire nos possibilités de nous déplacer
ou d'envoyer des marchandises rapidement et à un coût raisonnable à l'autre bout du monde.

Par ailleurs, la mondialisation tire aussi parti de ce que l'avènement d'Internet, à la fin des années quatre-vingt-dix, a considérablement fait chuter le coût de circulation des informations.
Aujourd'hui, n'importe qui ayant accès à Internet peut faire
circuler de façon extrêmement fluide des fichiers textes ou des
feuilles de calcul, vers n'importe quel pays connecté au réseau.
Ainsi, si l'Inde a pu devenir le récipiendaire de services de
comptabilité que les entreprises occidentales souhaitaient sous-
traiter, c'est bien en grande partie grâce à Internet. Le pays a pu
alors se développer considérablement dans le secteur des services, alors même qu'il manque cruellement d'infrastructures de
qualité, ce qui entrave son développement industriel.

La réorganisation des grandes entreprises industrielles sur une
base mondiale n'aurait pas été possible si les coûts de transport
des êtres humains, des marchandises, mais également de
l'information n'avaient pas considérément diminué depuis
l'avènement d'Internet (seconde partie des années quatre-
vingt-dix). De fait, depuis un quart de siècle, le PIB mondial a
augmenté chaque année en moyenne de 2,5 %, et le commerce mondial de 5 %. Quel État pourrait prétendre s'opposer
à ces mutations ?

Bien entendu, la politique a sa part de responsabilité dans le développement de la mondialisation. L'avènement du marché unique européen y a, par exemple, largement contribué. Les réglementations locales, les droits de douane dans certains secteurs des services ou de l'agriculture, les accords commerciaux régionaux peuvent influencer l'évolution du commerce international. Toutefois, plus le nombre de sites Internet d'un pays augmente, plus ses exportations croissent, et ce mouvement n'est pas près de s'arrêter. On peut en effet penser que même si les États, pris de folie, voulaient ériger de nouvelles barrières douanières ou des quotas pour juguler la mondialisation, ils auraient du mal à le faire car, tôt ou tard, l'évolution technologique permettrait de les contourner. Dans la mesure où il est illusoire de vouloir arrêter ce phénomène, mieux vaut mettre toutes les chances de son côté pour en tirer parti.

Chapitre 2

« C'est la faute de la finance, qui a pris le pouvoir »

Tyrannie, dictature, absolutisme… le vocabulaire relatif au totalitarisme est couramment utilisé pour qualifier ce que seraient devenus les marchés financiers. Par « marchés financiers », entendez essentiellement les fonds de pension anglo-saxons, qui placent l'épargne des futurs retraités britanniques et américains (mais pas seulement), et qui surveillent, de près il est vrai, les entreprises dont ils achètent des parts. Que leur reproche-t-on ? De sanctionner[1] les gouvernements adoptant des politiques économiques qui ne sont pas strictement libérales et de contraindre les entreprises à agir plus dans l'intérêt de leurs actionnaires que dans le leur. Plus généralement, les marchés financiers sont soupçonnés d'avoir une vision à court terme, alors que les entreprises et les États devraient pouvoir opérer sur du long terme.

« Les actionnaires dictent leur loi »

Selon une idée à la mode, mais qui revient finalement de façon récurrente, la place de plus en plus importante des marchés

---

1. En vendant les titres et la monnaie des pays concernés.

financiers[1] constituerait un frein à la croissance de nos économies. Les 300 millions d'actionnaires[2] qui contrôlent la quasi-
totalité de la capitalisation boursière mondiale ne verraient pas
plus loin que le bout de leur portefeuille. Ils agiraient en fonction de leurs propres intérêts, et non en fonction de celui des
entreprises dont ils détiennent des parts. Ce premier argument
porte en lui-même une contradiction : comment l'intérêt des
clients d'une entreprise et celui des actionnaires peuvent-ils ne
pas converger, au moins à moyen terme ? Les actionnaires
sont, par définition, les propriétaires des entreprises. Ce sont
eux qui fournissent le capital qui sert à investir, à embaucher, à
payer les salariés. Il est donc normal qu'ils attendent une valorisation maximale de leur mise de départ. Or cette valorisation
ne peut être obtenue que si l'entreprise réalise le plus de profits
possible, ce qui est justement son but par essence. Il n'y a qu'un
seul moyen de faire des profits élevés pendant longtemps :
répondre au mieux aux attentes des clients, c'est-à-dire fournir
de bons produits et de bons services à un prix raisonnable.
Cela suppose une main-d'œuvre bien formée, motivée et
donc correctement payée. Ceux qui pensent que les intérêts
des actionnaires, des clients et des salariés divergent font,
comme M. Jourdain, du marxisme sans le savoir. À leurs yeux,
la société est faite d'oppositions (entre chefs d'entreprise et
salariés, entre chefs d'entreprise et actionnaires, entre actionnaires et clients, entre clients et salariés…) menant le capitalisme à sa perte. Or la réalité rappelle qu'à moyen et long
terme, les intérêts des uns et des autres convergent.

Bien sûr, certains investisseurs institutionnels (banques, compagnies d'assurance, fonds de pension) demandent aux entre-

---

1. Mesurée par exemple par la capitalisation boursière rapportée à la production
   de biens et services dans le monde.
2. 90 % d'entre eux résident en Amérique du Nord.

prises dont ils sont actionnaires une progression annuelle du cours de l'action de 12 % et un dividende de 3 % environ. De tels chiffres correspondent à une rentabilité annuelle du capital de 15 %. Ces exigences sont sûrement fondées pour quelques sociétés (les très grandes) de secteurs spécifiques, mais dans une économie mondiale qui croît de 5 % par an, elles sont impossibles à satisfaire. Les personnes qui s'imaginent obtenir systématiquement un tel rendement (elles ne sont en réalité pas si nombreuses) se trompent, voilà tout. L'erreur est humaine, sur les marchés financiers comme ailleurs.

Enfin, l'argument selon lequel cette « pression » des actionnaires étouffe l'investissement ne semble pas tenir compte du fait que la croissance de l'économie mondiale est depuis plusieurs années à un niveau historiquement élevé. Il n'explique pas pourquoi l'économie américaine, pourtant paradis des fonds de pension et autres fonds communs de placement, file à toute allure, portée en particulier par un investissement ultradynamique. En réalité, il s'avère que les marchés laissent une plus grande marge de manœuvre que nous voulons bien l'avouer, aux entreprises, mais également aux États. Ainsi, les marchés financiers n'ont pas empêché les hommes politiques français d'adopter des mesures pour le moins hétérodoxes. La loi sur les 35 heures par exemple, qui allait pourtant à l'encontre de tout ce que l'analyse et l'histoire économique ont pu nous enseigner, n'a pas fait chuter le CAC 40…

« Les patrons sont trop payés »

Le monde de la finance semble aux Français d'autant plus déconnecté de l'« économie réelle » que les rémunérations des dirigeants des grandes entreprises cotées en Bourse défrayent la chronique. Il faut dire que certains n'ont rien fait pour se faire aimer… À l'heure où la faible augmentation du pouvoir d'achat fait légitimement débat, se verser une rémunération équivalente à 1 500 Smic n'est pas du meilleur goût. De Jean-Marie Messier à Antoine Zacharias chez Vinci, en passant par Daniel Bernard chez Carrefour, le comportement des dirigeants qui ont cru pouvoir tout prendre parce qu'ils avaient beaucoup donné a pénalisé l'image du monde des entreprises dans son entier. C'est dommage et surtout injuste :

• pour la très grande majorité de patrons de petites entreprises qui se rémunèrent de façon aléatoire, souvent peu (et parfois pas du tout), afin de pouvoir payer correctement leurs salariés ;

• mais aussi pour certains grands patrons qui, à l'instar de Bill Gates aux États-Unis, font profiter la société tout entière de leur réussite en investissant dans des fondations.

Enfin, cela ne facilite pas le travail de ceux qui, comme l'auteur de ces lignes, essaient de convaincre leurs contemporains que le système de la libre entreprise est le plus à même de leur procurer paix et prospérité.

Rémunérations et parachutes dorés

Reste tout de même la question de la « juste » rémunération des grands patrons. Quelle est-elle, et surtout, qui doit la contrôler ? En préambule, il convient de savoir que le salaire des grands patrons est fixé en fonction de l'offre et de la demande, sur un marché relativement étroit, un peu comme celui des footballeurs[1]. Les très grandes entreprises essaient d'attirer les meilleurs patrons comme les grands clubs tentent d'appâter les meilleurs footballeurs. Or il se trouve qu'il y a dans les faits très peu de personnes capables – voire désireuses – de diriger une très grande entreprise, cotée de surcroît. Un tel

---

1. En 2005 toutefois, le footballeur français le mieux payé (Zinedine Zidane) a gagné environ 5 millions d'euros de plus que le patron français le mieux payé (Lindsey Owen-Jones, chez L'Oréal).

poste signifie être responsable jour et nuit des actes de centaines de milliers de salariés, parfois répartis dans une centaine de pays. Je recommande aux personnes intéressées par le sujet l'autobiographie de Philippe Bourguignon, l'ex-président du directoire du Club Méditerranée, dans laquelle il écrit : « Je dois toujours regarder l'horizon tout en surveillant mes concurrents dans le rétroviseur, mais sur le siège de droite mes clients me disent où et quand je dois les déposer ; sur la banquette arrière, les actionnaires essaient de passer les vitesses à ma place, tandis que, à côté d'eux, journalistes et analystes observent mes moindres gestes et jugent impunément[1]. » Et encore, il n'évoque pas les risques juridiques et sociaux qui augmentent avec la taille de l'entreprise. Certes, tout cela ne justifie pas que les grands patrons se versent chaque mois quelques siècles de Smic, mais cela explique au moins que leurs compétences soient très recherchées et très bien payées.

Bien souvent d'ailleurs, les fameux « parachutes dorés » (*golden parachutes*) choquent plus que la rémunération des patrons en exercice. Les dirigeants de grandes entreprises peuvent être révoqués du jour au lendemain par leur conseil d'administration. Leur réputation, soit leur capacité à se remettre sur le marché de l'emploi, peut ainsi être sérieusement entamée. Ils négocient donc lors de la signature de leur contrat le versement d'une prime en cas de licenciement. Cette prime peut atteindre plusieurs millions d'euros, surtout si elle est assortie d'une clause de non-concurrence. Bien entendu, nous pouvons être outrés lorsqu'un chef d'entreprise, après un échec ayant entraîné plans sociaux et licenciements, se retire avec une prime de plusieurs millions d'euros ! Néanmoins, c'est aux actionnaires, les propriétaires de l'entreprise, d'évaluer l'impact de ces parachutes dorés sur les comptes de l'entreprise

---

1. Philippe Bourguignon, *Hop !*

et sur… la motivation des salariés. Sur ce point particulier, les choses évoluent dans le bon sens en France. Les assemblées générales d'actionnaires se comportent de moins en moins en simples chambres d'enregistrement. Les actionnaires, de mieux en mieux organisés, font entendre leur voix et prennent même des sanctions à l'encontre des dirigeants s'ils ne sont pas satisfaits de la politique menée. Par ailleurs, les comités de rémunération[1] leur rendent de plus en plus des comptes.

La question des stock-options

Se pose enfin le problème des stock-options, si décriées en France. Une entreprise peut proposer à ses cadres dirigeants d'acheter à un prix fixé d'avance, généralement assez bas, des actions de l'entreprise : on parle alors de stock-options. Si le cours de l'action grimpe, voire s'envole, c'est le « jackpot » : les managers peuvent alors « lever » leurs stock-options, soit acheter leurs titres au rabais, pour éventuellement les vendre au prix du marché. Le but de la manœuvre est que les managers et les actionnaires aient le même intérêt. Jusque-là, l'opération ne pose pas de problème, il n'est pas illogique qu'un mandataire social[2] soit actionnaire autant que salarié. En revanche, des managers mal intentionnés ont dissimulé des dettes pour présenter aux marchés financiers de jolis comptes, censés faire monter le cours des actions en Bourse et donc leur propre patrimoine ! Certains agissements semblent en outre avoir été à la limite du délit d'initié[3]. Quelques dirigeants ont en effet levé

---

1. Regroupements de quelques membres des conseils d'administration, dont le but est de vérifier l'adéquation entre la rémunération des principaux dirigeants de l'entreprise et l'intérêt des actionnaires.
2. Personne qui, dans une société, est investie par les actionnaires d'une fonction de direction générale (président, directeur général) ou qui participe à un organe collégial de direction générale (*Le Larousse Expression*).
3. Infraction résultant de l'utilisation d'une information confidentielle pour intervenir sur les marchés financiers.

des stock-options juste avant d'annoncer aux marchés financiers une mauvaise nouvelle susceptible de faire chuter le cours
de l'action en Bourse, comme un retard de livraison…

Quoi qu'il en soit, cette manie de réagir à des dérapages indivi-
duels en voulant légiférer, voire interdire, est très française. Une
faute individuelle doit impliquer une sanction individuelle. Là
encore, c'est aux comités de rémunération de prendre leurs responsabilités au sein des entreprises et de déterminer combien
de stock-options un manager peut lever et quand. Il serait inefficace de jeter le bébé avec l'eau du bain : les stock-options ont
globalement un impact économique très positif, notamment au
sein des petites entreprises. Prenons le cas d'une start-up dans le
secteur des nouvelles technologies. Nouvellement créée, cette
entreprise n'a probablement pas les moyens financiers de rému-
nérer les ingénieurs dont elle aurait besoin. Que va-t-elle leur
proposer ? Des stock-options bien sûr ! Cette offre présente un
double avantage :

• d'une part, celui qui croit au projet pense qu'il va s'enri-
  chir à moyen terme en levant ses stock-options, à défaut de
  toucher un salaire mirobolant à court terme ;

• d'autre part, les détenteurs de stock-options deviennent,
  de fait, propriétaires potentiels de leur entreprise, ce qui les
  implique et les motive davantage.

L'antagonisme entre patrons et salariés est ainsi dépassé. Le fait
de pouvoir distribuer librement des stock-options facilite la
création d'entreprises et consolide leur développement. Ne
nous privons pas de cet outil sous prétexte que certains s'en
servent de façon indécente…

« La finance est déconnectée de l'économie réelle »

Les transactions qui se nouent chaque jour sur les marchés
financiers atteignent des montants vertigineux. Ainsi, plus de

1 000 milliards de dollars sont quotidiennement échangés sur le marché des devises. Ceux qui ne sont pas versés dans la finance – mais qui s'arrogent quand même le droit de s'exprimer publiquement sur le sujet – se gargarisent de ces chiffres. Il est vrai qu'ils sont très supérieurs à la somme des opérations de change *a priori* nécessaires aux échanges commerciaux entre les pays. Faut-il en conclure que les marchés financiers progressent de façon autonome, déconnectés de ce que nous avons coutume d'appeler maladroitement l'« économie réelle » ? Devons-nous en déduire que le monde est « financiarisé », suspendu aux décisions de jeunes loups qui gagnent des sommes astronomiques en spéculant sur les marchés ? Pas du tout. Ces opérations représentent des montants considérables, mais elles sont nécessaires pour assurer le bon fonctionnement du marché.

En effet, un opérateur du marché des changes[1] (un cambiste, ou *trader* en anglais) travaille pour le compte d'entreprises clientes qui doivent procéder à des échanges de devises, afin de mener à bien des opérations commerciales ou industrielles : payer un fournisseur, acheter des parts d'une société étrangère, convertir des profits en monnaie locale… Si, pour son client, un cambiste doit échanger une certaine somme de dollars canadiens contre une certaine somme d'euros, il n'est pas évident qu'il trouve sur le marché un confrère ayant besoin d'effectuer l'opération strictement inverse. Se met alors en place une chaîne d'opérations par laquelle des opérateurs appelés arbitragistes[2] vont se « repasser » la somme de dollars canadiens en question, jusqu'à ce que notre *trader* finisse par recevoir la somme exacte d'euros dont il a besoin. Ce proces-

---

1. Marché sur lequel on échange des monnaies.
2. Les arbitragistes sont des opérateurs qui profitent des simples différences de cours entre des titres présents sur des marchés différents (Paris et New York par exemple) pour gagner de l'argent. Ils ne prennent pour ainsi dire pas de risque.

sus extrêmement efficace est possible parce qu'il est rapide et
très peu coûteux d'effectuer des transactions sur le marché des
changes. Des centaines de millions d'euros peuvent ainsi être
échangés en quelques minutes. Si de nombreuses transactions
ont lieu, elles n'ont pour but final que de rendre possible
l'opération commerciale demandée par le client au *trader* à
l'initiative de l'ensemble du mouvement. Il n'y a donc pas de
déconnexion entre une supposée « sphère réelle » et une
« sphère irréelle ». La sphère financière met son efficacité au
service de l'économie réelle.

« Les marchés ne savent plus quoi inventer pour gagner de l'argent »

En réalité, non seulement les marchés financiers n'étouffent
pas la croissance économique, mais depuis quarante ans, ils
l'ont plutôt aidée à se développer. Les crises qui les ont frappés
(comme le krach de 1987 à Wall Street, la crise asiatique de
1997 ou l'éclatement de la bulle des nouvelles technologies en
2001) ne semblent pas avoir entamé la progression de nos économies. Les opérateurs des marchés financiers[1], aux prises
quotidiennes avec les fluctuations des taux de change, des taux
d'intérêt, des cours des actions ou des matières premières, ont
créé des produits leur permettant de se couvrir contre le risque, des sortes de polices d'assurance. Ces produits aux noms
énigmatiques (*swap, call, put, floor,* options exotiques, options
asiatiques…) sont échangés sur des marchés dits « dérivés »,
qui ont connu depuis les années soixante un extraordinaire
développement. Cet essor inquiète certains observateurs ou
même certains financiers. En effet, on assiste à la multiplica-

---

1. Les opérateurs des marchés financiers sont toutes les personnes qui échangent
   des titres (actions, devises…) sur les marchés financiers. Ce sont eux que l'on
   appelle par abus de langage « les marchés financiers ».

tion de produits financiers ultracomplexes, dont même les initiateurs ont parfois du mal à décrire le fonctionnement. N'est-ce pas un risque majeur pour l'économie mondiale ? Le célèbre financier américain Warren Buffet a d'ailleurs qualifié ces produits d'« armes de destruction massive »... Une fois encore, abattons quelques mythes en commençant par expliquer le fonctionnement des éléments incriminés.

Les opérateurs achètent des produits dérivés pour se couvrir contre des risques, un peu comme un ménage souscrit une assurance pour sa maison. Le banquier qui achète une option achète le droit d'acquérir ou de vendre un titre financier à un prix et jusqu'à une échéance déterminés. Par rapport à une situation sans option, il paie donc pour prendre un risque minimal. Le risque ne disparaît pas, il est transféré à un opérateur spécialisé dans la gestion du risque. Ce dernier est un spéculateur ou un agent qui, compte tenu de ses propres anticipations, souhaite se couvrir dans l'autre sens. Ainsi, l'opérateur qui se couvre et celui qui gère le risque ne sont que les deux faces d'une même opération d'assurance, le spéculateur n'étant rien d'autre qu'un assureur. Sans spéculateur, personne ne pourrait se protéger, de la même façon que sans assureur, il ne peut y avoir d'assuré. Il existerait toujours des moyens de gérer son risque en l'absence de produits dérivés, mais de manière plus coûteuse, moins rapide, moins fiable.

Ce transfert de risque s'inscrit dans une démarche de division du travail. Le risque étant géré par des spécialistes, il n'y a pas de raison que la montée des produits dérivés rende plus nerveux les opérateurs des marchés financiers. Au contraire, la protection de ces produits tend à calmer leur fébrilité. Et c'est bien ce que l'on observe dans les faits. D'après les calculs de l'économiste américain William Schwert, l'ampleur des fluctuations observées sur les marchés financiers depuis l'essor des produits dérivés est largement inférieure à celle qui avait cours

dans les années trente et quarante. Les produits dérivés constituent donc pour les investisseurs un moyen de se protéger
contre des évolutions inattendues. En permettant un transfert
du risque, ils concourent à la stabilisation de la sphère financière. Prétendre qu'ils seraient la cause de l'instabilité revient à
confondre cause et conséquence. Prendrait-on au sérieux
quelqu'un qui affirmerait que des sociétés d'assurance ont
causé les ouragans Rita et Katrina, ou les attentats du 11 septembre 2001 ? Évidemment, le spéculateur qui accepte de
couvrir le risque peut se tromper et perdre énormément
d'argent, si le risque en question se réalise, exactement comme
une compagnie d'assurance. Toutefois, les anticipations erro-
nées ou les excès de certains ne doivent pas nous amener à
rejeter ce qui demeure une avancée économique dont tout le
monde profite.

Chapitre 3

« C'est la faute de l'Europe, qui est antisociale »

Voilà comment s'exprimait Jean-Pierre Chevènement dans les colonnes du *Figaro*, le 23 mars 2005 : « La victoire du non en France signifierait simplement que les Français souhaitent que la construction européenne serve la croissance et l'emploi, signifie un progrès social et non une régression, préserve notre tissu industriel plutôt que de le détricoter et permette enfin l'épanouissement de la démocratie républicaine plutôt que son étouffement, au profit d'oligarchies sur lesquelles ils n'ont aucune prise. » Cette analyse contient peut-être une part de vérité, et une majorité de Français ont d'ailleurs choisi de rejeter le Traité constitutionnel européen. Pour beaucoup de nos concitoyens en effet, Europe rime avec rigueur excessive, délocalisations, primauté de la finance sur la croissance et l'emploi.

Il est vrai que l'économie européenne, et plus particulièrement la zone euro, fait pâle figure dans une économie mondiale dynamique. Soyons honnêtes : les performances économiques de l'Europe prise dans son ensemble sont mauvaises. Les chefs d'État des quinze ont eu beau se fixer comme objectif à Lisbonne, dès le printemps 2000, de faire de l'Europe « l'économie de la connaissance la plus compétitive et la plus dynamique du monde, capable d'une croissance économique durable accompagnée d'une amélioration quantitative et qualitative de l'emploi et d'une plus grande cohésion sociale », il y a loin de la coupe aux lèvres. Ces objectifs ambitieux ne seront pas respectés de sitôt. Depuis 2000, le PIB a progressé de 10 % dans la zone euro, contre 15 % au Royaume-Uni et 17 % aux États-Unis. Si nous produisons relativement moins de biens et de services que les autres, nous obtenons moins de revenus, et nous consommons donc moins. La consommation des ménages (qui mesure une certaine forme de bien-être) a augmenté de 9 % dans la zone euro depuis 1995, alors qu'elle a subi une hausse de 17 % au Royaume-Uni et de 20 % aux États-Unis.

Faut-il y voir une malédiction européenne, ou plus précisément une conséquence non désirée du fait d'appartenir à la zone euro, d'utiliser une même monnaie ? Après tout, si le Royaume-Uni et les États-Unis bénéficient d'une croissance économique plus forte que la nôtre, n'est-ce pas parce qu'ils ont leur propre monnaie, à savoir la livre sterling et le dollar ? Ils peuvent en faire baisser le cours quand ils veulent exporter plus, ou le faire monter pour bénéficier des avantages d'une monnaie forte. Plus globalement, la politique économique imposée par l'Europe doit-elle être incriminée ? La question est légitime, mais l'intuition sur laquelle elle se fonde est fausse.

« La politique économique européenne profite uniquement aux marchés financiers »

Trop économique, trop financière, pas assez sociale… derrière ces vagues, mais récurrentes critiques de la politique européenne, se cache en réalité une contestation de l'orthodoxie, qui n'est peut-être que l'autre nom de la sagesse économique. Traditionnellement, la politique économique utilise deux moyens pour redonner du souffle à une croissance qui en manque.

La politique monétaire

La Banque centrale, véritable banque des banques, peut diminuer les taux d'intérêt auquel elle prête de l'argent aux établissements financiers d'un pays. De proche en proche, ce sont aussi bien les coûts de crédits à la consommation qui sont censés baisser, que les coûts des prêts aux entreprises. Ce recul des taux d'intérêt doit, en principe, inciter les ménages à dépenser et les entreprises à investir. La politique monétaire peut être efficace à court terme, si elle est utilisée à bon escient.

Après l'éclatement de la bulle Internet, puis suite au choc du 11 septembre 2001, la Fed (la banque centrale des États-Unis) a considérablement baissé ses taux d'intérêt, ce qui a empêché l'économie américaine de plonger. Utiliser l'arme monétaire à ce moment précis n'était pas idiot, de même qu'il peut être légitime de boire un verre de whisky lorsqu'on est en état de choc. Toutefois, l'abus de politique monétaire est aussi dangereux pour la santé d'une économie que l'alcoolisme pour le corps humain. Une banque centrale qui maintient trop longtemps des taux d'intérêt à un faible niveau risque de ranimer l'inflation (hausse des prix payés par les consommateurs). Aussi les économistes considèrent-ils quasi unanimement qu'il vaut mieux que la politique monétaire soit gérée par une banque centrale indépendante, plutôt que par un gouvernement qui pourrait − pourquoi pas ? − utiliser cet outil pour maximiser ses chances de réélection et non pour contenir l'augmentation des prix à la consommation.

La politique budgétaire

En période de vaches maigres économiques, un État peut vouloir donner un coup de fouet à la croissance en baissant les impôts, c'est-à-dire en diminuant ses recettes, ou bien en dépensant davantage. Il peut s'agir de dépenses d'investissement (des grands travaux par exemple), de dépenses sociales (augmentation des primes versées aux chômeurs, revalorisation de certaines pensions...) ou de dépenses courantes (hausse des salaires des fonctionnaires). Là aussi, l'histoire montre que les gouvernements ont tendance à user de cet outil plus que de raison, et à vider allègrement les caisses de l'État. Les hommes politiques étant ce qu'ils sont, cette situation est particulièrement vraie en période de campagne électorale. C'est pour ces raisons que les traités européens encadrent la conduite de la politique économique. Il ne s'agit pas de plaire ou non aux marchés financiers ou aux banquiers comme on l'entend parfois, mais simplement de ne pas léser les citoyens qui, au bout du compte, paieraient les excès de politiques économiques irresponsables.

Les traités européens, et notamment le traité de Maastricht (ratifié par le peuple français en 1992), contraignent la politique économique des pays de la zone euro essentiellement de deux façons. Le pacte de stabilité encadre la gestion des finances publiques, c'est-à-dire des comptes de l'État[1]. Il interdit aux gouvernements de laisser le déficit public (la différence entre les dépenses et les revenus des États) dépasser 3 % de la richesse nationale produite chaque année. Et même si son interprétation par la Commission européenne s'avère finalement plutôt souple, cette dernière n'hésite pas à rappeler à l'ordre les pays récalcitrants comme la France et l'Allemagne. Le comportement négligent de ces derniers agace d'ailleurs les gouvernements – et sans doute les peuples – de pays vertueux comme l'Espagne.

Nous entendons souvent l'argument selon lequel la politique conjoncturelle de la zone euro serait prisonnière de ce pacte de stabilité. L'idée sous-jacente est que les gouvernements ne

---

1. L'État est lui-même constitué de trois ensembles : les administrations centrales (les ministères par exemple), les organismes de Sécurité sociale et les collectivités locales.

pourraient pas utiliser la dépense publique pour relancer la croissance. Or force est de constater que depuis 2002, à la fois la France et l'Allemagne ont presque toujours enfreint ce pacte, en enregistrant pourtant des performances macroéconomiques médiocres. En 2005, le Portugal, l'Italie et la Grèce ne l'ont pas non plus respecté. Les pays de la zone euro ne sont donc pas, à quelques exceptions près, des modèles de rigueur budgétaire. Difficile dans ces conditions de mettre la faiblesse de la croissance sur le dos de ce fameux pacte de stabilité...

Le solde des finances publiques de la France et de l'Allemagne en dehors des critères de Maastricht depuis 2002

En % du PIB

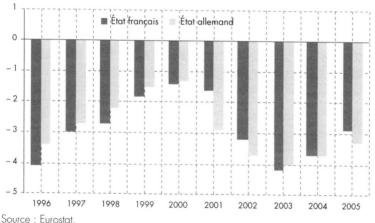

Source : Eurostat.

« L'Europe, c'est l'Europe des banquiers »

Dans la zone euro, les pays n'ont pas le pouvoir de mener une politique monétaire autonome, car elle est orchestrée par l'autorité monétaire européenne suprême : la Banque centrale européenne (BCE). Cette institution indépendante, basée dans un gratte-ciel de Francfort, est dirigée depuis novembre 2003

par le Français Jean-Claude Trichet (lequel a succédé au Néer-
landais Wim Duisenberg, décédé depuis).

La BCE fixe le niveau des taux d'intérêt auxquels les banques
empruntent de l'argent. Ces dernières répercutent ensuite ces
taux sur les crédits à court terme aux ménages et aux entreprises. La politique monétaire menée par la BCE est essentiellement focalisée statutairement sur un objectif de stabilité des
prix à la consommation : l'inflation ne doit pas dépasser 2 %
sur un an. Ce dernier objectif a fait l'objet d'un intense débat
depuis 2001. À la différence de son homologue américaine la
Fed (qui doit, elle, œuvrer pour la stabilité des prix, mais aussi
pour la croissance), la BCE manquerait de réactivité et empê-
cherait l'économie de la zone euro de croître plus rapidement
en ne s'intéressant qu'à l'évolution de l'inflation.

Croissance et inflation

Ce point appelle une remarque préalable : si les gouvernants
européens préféraient une politique inflationniste, au détriment de leurs électeurs, il leur suffirait de changer les statuts de
la BCE, voire de lui retirer son indépendance ! Toutefois, ce
serait un retour au Moyen Âge de la politique monétaire, car il
faut dire et redire qu'il n'y a pas à choisir entre *croissance* et
inflation. Certains pays connaissent une inflation très faible et
une croissance très forte. Inversement, dans les années
soixante-dix, la France a connu une période d'affaiblissement
de sa croissance accompagnée d'une accélération de l'inflation.
Cette idée selon laquelle la Banque centrale devrait relâcher sa
vigilance inflationniste pour favoriser la croissance a donc peu
de sens, et ne repose sur aucun fondement solide.

Plus sérieusement, la politique de la BCE est liée aux choix
économiques des gouvernements nationaux. Si ceux-ci adoptent des politiques favorisant la flexibilité du marché du travail,
la baisse des dépenses publiques puis celle des impôts, la BCE

promet d'être plus accommodante en fixant des taux d'intérêt plus bas. Elle pourrait l'être en effet davantage pour une raison assez simple. Le marché des biens et des services dans la zone euro est moins concurrentiel qu'aux États-Unis. De la téléphonie mobile à la banque en passant par la distribution, la concurrence entre les opérateurs pourrait être plus forte, ce qui aurait pour conséquence de tirer les prix vers le bas. En effet, une compétition plus intense implique des marges commerciales plus faibles, et donc des prix plus bas pour le consommateur. Ainsi, si des réformes incitant à la mise en concurrence étaient menées, l'inflation serait réduite, les prix étant naturellement contraints par les rudes lois du marché. La Banque centrale européenne pourrait donc établir ses taux d'intérêt à un niveau plus faible, sans crainte de voir remonter l'inflation. À l'inverse, l'absence de réformes, qui conduit à ce que certains marchés restent peu concurrentiels, protégés de la compétition d'éventuels nouveaux entrants, freine la baisse des prix concernés. La politique de la BCE est donc cohérente, même si elle a pu souffrir d'une communication parfois trouble (moins toutefois depuis que Jean-Claude Trichet est à la tête de l'institution).

Les critiques à l'encontre de la BCE, accusée de mener une politique de taux d'intérêt trop élevés, sont en outre infondées, dans la mesure où les taux qu'elle a pratiqués depuis sa création ont bien souvent été très bas. Ils ont en tout cas été suffisamment faibles pour rendre attractif le coût de l'endettement dans la zone euro pour les entreprises comme pour les ménages. La BCE n'est tout de même pas coupable du fait que la Fed a mené par le passé une politique exagérément accommodante, ce qui biaise la comparaison des choix monétaires réalisés de part et d'autre de l'Atlantique. En réalité, les gouvernements nationaux ont trouvé un bouc émissaire bien commode, qui permet de détourner l'attention des citoyens du manque de réformes structurelles.

La surévaluation de l'euro

Certes, le taux de change de l'euro est considérablement suré-valué depuis la fin de l'année 2003, notamment par rapport au dollar, si l'on se réfère aux théories économiques les plus courantes[1]. Pour les économies de la zone euro, les effets négatifs de cette surévaluation sont bien connus. Les exportateurs sont pénalisés puisque les prix des marchandises libellés en euros sont élevés. Ils voient leur compétitivité se dégrader, indépendamment de leurs propres efforts en termes de productivité et de réduction des coûts. Seuls les importateurs de matières premières (au premier rang desquelles le pétrole) peuvent trouver un avantage à la situation, puisque les factures libellées en dollars sont automatiquement réduites. Cependant, cet effet positif ne compense pas celui lié à la perte de compétitivité.

Nous savons en réalité aujourd'hui que la surévaluation de l'euro est davantage liée à la configuration économique des États-Unis qu'à celle de l'Europe. Pour simplifier, disons que les Américains ont un déficit commercial élevé : ils importent beaucoup plus de biens et de services qu'ils n'en exportent[2]. Les marchés financiers pensent que ce déficit commercial est dangereux pour l'économie américaine, qui risque la crise financière et une chute du dollar si les pays, d'Asie en particulier, qui lui prêtent de l'argent pour couvrir ce déficit cessaient de le faire. Les marchés ont peut-être tort de vendre des dollars sur le marché des changes ou de se débarrasser de titres libellés en dollars pour ne pas avoir à subir ce risque, mais la situation est celle-là, et l'Europe n'y est pas pour grand-chose. Certes, la BCE pourrait intervenir sur le marché des changes pour ache-

---

1. Le « bon » taux de change serait celui qui égaliserait les prix entre les zones monétaires.
2. Ils consomment énormément et importent donc beaucoup de biens de consommation.

ter des titres en dollars et soutenir ainsi la devise américaine (elle l'a d'ailleurs déjà fait), mais elle ne traiterait que le symptôme…

Les taux d'intérêt sont faibles dans la zone euro depuis 2003

Taux d'intérêt fixé par la BCE ; taux d'inflation en glissement annuel

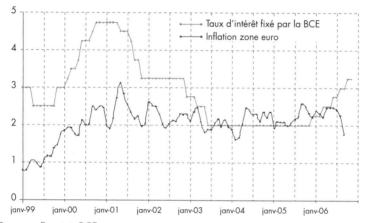

Sources : Eurostat, BCE.

En outre, nous pouvons parfaitement imaginer ce qui se serait passé ces dernières années si nous n'avions pas eu l'euro : de nombreux pays européens (l'Italie sûrement, la France peut-être) auraient dévalué leur monnaie[1] pour relancer l'économie, comme cela a été le cas au début des années quatre-vingt-dix. L'Europe serait entrée dans une ère de course à la dévaluation et de chaos monétaire, avec des conséquences économiques mais aussi politiques détestables.

D'une manière générale, il est un peu fort d'accuser l'Europe de nos maux, dans la mesure où finalement, elle est bien loin

1. En faisant baisser artificiellement leur taux de change.

de disposer de tous les pouvoirs économiques. Certes, les traités que nous avons choisi de signer ne nous permettent pas de
faire n'importe quoi, mais sur bien des sujets, ce sont encore
les pays qui décident. Il faut ainsi savoir que le budget européen est presque insignifiant (1,045 % du PIB de l'Union
européenne en moyenne pendant la période 2007-2013). La
définition du niveau de la dépense publique dans chaque État
membre n'est pas concertée et la coordination des politiques
économiques est presque inexistante sur notre continent.
Chaque membre définit sa politique fiscale en fonction de ses
intérêts propres et ses règles du jeu sur son marché du travail. Il
n'est pas question ici de discuter du besoin d'une coordination
accrue des politiques économiques, des livres entiers y sont
consacrés[1]. En revanche, il est faux d'affirmer que nous ne
pouvons plus rien faire seuls.

---

1. Ceux que cette question intéresse pourront se reporter au rapport de Guido
   Tabellini et Charles Wyplosz intitulé *Réformes structurelles et coordination en Europe.*

Partie 2

LES VRAIS PROBLÈMES

Les Français vivent dans un rêve. Ils croient pouvoir gagner plus en travaillant moins, pensent pouvoir consommer avant de produire, et imaginent qu'il suffit de taxer les entreprises pour mieux répartir la richesse.

Le rôle de l'économiste est de les réveiller en leur disant la vérité, sans tabous.

Nous ne travaillons pas assez, les entreprises investissent trop peu, notre système fiscal pénalise la création de richesse et la croissance future. Quant à notre marché du travail, sa rigidité protège les salariés en place, mais ferme les portes de l'ascenseur social aux plus fragiles. L'État enfin, gaspille de précieuses ressources sans compter.

Ces assertions reposent chacune sur des faits tangibles, et non sur des a priori idéologiques.

Chapitre 4

Pauvres entreprises

L'argent ne tombe pas du ciel ! De nombreux Français se plaignent, la plupart du temps à juste titre, de la faiblesse de leur salaire. Il est vrai que le pouvoir d'achat progresse peu. Néanmoins, il faut bien identifier les causes de cette si lente évolution. Rappelons-le, dans une économie de marché, ce sont des entreprises en concurrence qui produisent, font des profits, distribuent des salaires. Pour que ces salaires soient élevés et que les entreprises puissent investir ou exporter, elles doivent faire des bénéfices importants, ce qui n'est pas le cas en France. Dans notre pays, l'État a longtemps entravé les entreprises dans leur développement plus qu'il ne les a aidées.

L'arbre CAC 40 cache la forêt des entreprises françaises

Le cas très particulier des grandes entreprises

Les profits des entreprises sont beaucoup trop faibles. Voilà qui peut sembler n'être qu'une provocation, à l'heure où les bénéfices des sociétés du CAC 40 volent de record en record. Leurs patrons perçoivent des rémunérations à faire tourner la tête, leurs actionnaires engrangent des dividendes appréciables. Les Lafarge, L'Oréal, Saint-Gobain, LVMH ou autres Pernod-Ricard constituent une formidable vitrine pour l'économie française. Toutefois, la vitrine est parfois plus reluisante que l'intérieur du magasin : si les entreprises du CAC réalisent d'excellentes performances tant en termes de chiffre d'affaires que de résultat, elles le doivent surtout à leurs implantations à l'étranger. Ainsi, 70 % du chiffre d'affaires et 80 % des bénéfices du CAC 40 sont réalisés en dehors de nos frontières. Sachant que presque 50 % du capital des sociétés du CAC 40 est détenu par des étrangers, nous pouvons nous demander ce que ces entreprises ont encore de français, en dehors du siège social et du management... C'est cependant déjà beaucoup, et cela justifie que nous y soyons attachés et que nous tenions à les conserver.

Par ailleurs, les entreprises du CAC 40, qui produisent environ 10 % du PIB français, ne sont absolument pas représentatives du tissu économique de notre pays. Pour s'en convaincre, il suffit de savoir que depuis 1990, la part des profits dans la valeur ajoutée[1] de toutes les entreprises implantées sur le territoire français a constamment reculé. Un court détour un peu technique s'impose ici. L'Insee mesure le profit des entreprises françaises en calculant ce que les statisticiens appellent un taux de marge ou taux de profit (bénéfice des entreprises rapporté à leur valeur ajoutée[2]). En 2005, ce ratio est tombé pour la France à 30,2 %, son niveau le plus bas depuis 1985. En 2005 toujours, la part de la rémunération des salariés dans la valeur ajoutée a atteint 58,2 %, un niveau un peu supérieur à la moyenne observée depuis 10 ans.

---

1. La valeur ajoutée correspond au chiffre d'affaires des entreprises diminué des achats externes (sous-traitance, matières premières, services externalisés...).
2. L'Insee exclut de son calcul les banques, considérées comme une catégorie d'agents économiques à part. Il est vrai que leur comptabilité est très différente de celle d'une entreprise commerciale ou industrielle traditionnelle, ce qui rend les comparaisons difficiles.

La baisse tendancielle du taux de marge des entreprises implantées en France

Excédent brut d'exploitation/Valeur ajoutée (%)

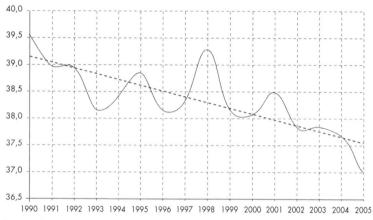

Source : Insee.

Ces statistiques, certes un peu rébarbatives, mettent à bas deux idées reçues. D'un côté, le taux de marge des entreprises françaises, toutes tailles confondues (hors secteur financier) est historiquement bas. De l'autre, la part de la richesse produite en France qui va aux salariés n'est pas aussi faible que nous voulons bien l'avouer. Voici donc exactement l'inverse de ce que l'on nous ressasse à longueur de temps.

Les difficultés des PME

Évidemment, si les profits des grandes entreprises augmentent rapidement, tandis que ceux de l'ensemble des entreprises se tassent, il est logique de penser que les petites et moyennes entreprises (PME) sont le plus dans l'embarras. Peut-être est-ce dû aux pressions que font peser sur elles les grandes entreprises « donneur d'ordres », même si la tyrannie des grands sur les petits est loin de constituer la seule source de leurs difficultés. Mais c'est vrai, il est difficile pour un petit équipementier automobile de résister à la pression de Renault, et un petit producteur de fromages ne fait pas le poids face à Carrefour... Autre fait notable, si le taux de marge des PME a fortement chuté en 2005, son recul n'en est pas moins antérieur. En augmentant les coûts d'approvisionnement, l'accroissement des cours des matières premières, au premier rang desquelles le pétrole, a amplifié un phénomène déjà à l'œuvre depuis plusieurs années, même s'il ne l'explique pas en totalité.

Des prélèvements obligatoires excessifs

Pourquoi le taux de marge des entreprises françaises est-il tombé si bas ? Depuis vingt ans, la valeur ajoutée a augmenté de 120 % et la rémunération des salariés de 115 %. Ce ne sont donc pas des exigences salariales excessives qui ont pesé sur les profits. En revanche, les impôts sur la production (essentiellement la taxe professionnelle, la taxe foncière et le versement transports[1]) ont augmenté de 200 % et les impôts sur les salaires et la main-d'œuvre de plus de 300 %. Il faut savoir qu'il existe en France une soixantaine de taxes sur les facteurs de production (de la TGAP, taxe générale sur les activités polluantes, à la taxe sur les véhicules de société). D'après les chiffres de l'OCDE, les prélèvements obligatoires directs sur les entreprises (y compris l'impôt sur les bénéfices lui-même) représentent 11,2 % du PIB français. Dans ce domaine, la France est suivie par l'Italie (8,9 %) et la Belgique (8,5 %), tandis qu'à l'autre bout du spectre se trouvent le Royaume-Uni (3,6 %) et l'Irlande (2,7 %). Notez

---

1. La taxe professionnelle finance le budget des communes, des départements et des régions, ainsi que d'organismes comme les chambres de commerce et d'industrie et les chambres de métiers. La taxe foncière impose les bâtiments commerciaux, industriels ou professionnels, afin de financer les communes, les départements et les régions. Le versement transports frappe la masse salariale des entreprises de plus de neuf salariés et participe au financement des transports publics.

que dans le premier groupe figurent des pays à croissance économique faible, et dans le second des pays à croissance forte : ce n'est peut-être pas une coïncidence...

Des conséquences alarmantes

Le bas niveau des profits réalisés sur le sol français est doublement préoccupant.

Tout d'abord, il explique en grande partie la faiblesse de l'investissement. En effet, depuis 2001, l'investissement des entreprises, corrigé de l'augmentation des prix (hors secteur financier toujours), n'a jamais crû de plus de 5 % en un an, ce qui est inquiétant, notamment si nous regardons les chiffres d'investissement de nos partenaires. Aux États-Unis en particulier, il n'est pas rare que l'investissement des entreprises augmente annuellement de plus de 10 %. Or la faiblesse de nos investissements d'aujourd'hui porte en elle la faiblesse de notre croissance de demain. Souvenez-vous de la phrase empreinte de bon sens du chancelier allemand Helmut Schmidt : « Les profits d'aujourd'hui sont les investissements de demain et les emplois d'après-demain. »

Les économistes distinguent traditionnellement deux explications à la croissance du PIB par tête :

- les gains de productivité horaire, qui constituent empiriquement la principale source de progrès économique ;
- l'augmentation du nombre d'heures travaillées par habitant.

Les gains de productivité ne sont possibles que si les entreprises renouvellent leur stock de capital[1], le modernisent, pour être plus compétitives, ou pour produire plus et mieux à moindre coût. Imaginons une imprimerie qui n'aurait pas pu changer

---

1. Ensemble des biens possédés par l'entreprise (machines, véhicules, ordinateurs, brevets, etc.).

© Groupe Eyrolles

ses machines depuis vingt ans, faute de moyens. Qui la croirait aujourd'hui capable de faire face à la concurrence ? Le faible niveau de l'investissement en France nous condamne à être moins compétitifs que des pays comme l'Allemagne ou les États-Unis, dans lesquels les entreprises investissent beaucoup. Il ne s'agit pas que de querelles d'experts, notre niveau de vie en dépend !

La faiblesse des gains de productivité en France

Croissance annuelle de la productivité du travail entre 2000 et 2005

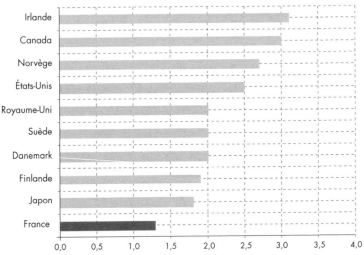

Source : The State of Working America (Economic Policy Institute).

Une autre conséquence de la baisse tendancielle du taux de profit est la faiblesse des augmentations salariales et de l'emploi. Pour distribuer de bons salaires ou *a fortiori* créer des emplois, une entreprise doit avant toute chose avoir gagné de l'argent. Nous avons peut-être tendance à oublier en France que l'argent ne tombe pas du ciel, il ne peut naître que d'un effort de production rentable, avalisé par le marché. Nous ne pouvons distribuer durablement que ce que nous avons produit.

Pourquoi l'entreprise France n'arrive plus à exporter

Un commerce extérieur à la peine

Depuis 2004 est réapparu un phénomène qui semblait éteint depuis les années quatre-vingt-dix : le commerce extérieur de la France est redevenu déficitaire ; la France importe plus de biens et de services qu'elle n'en exporte. La différence entre les importations et les exportations n'est pas minime : elle avoisine aujourd'hui les 30 milliards d'euros, un gouffre qui ne s'explique que très partiellement par l'augmentation des prix du pétrole.

Le fait de présenter des comptes extérieurs déficitaires, pour un État comme le nôtre, ne constitue pas un danger en soi. La France n'est pas un pays émergent, elle reste un pays très riche, appartenant, qui plus est, à une grande zone monétaire unique (la zone euro). Elle trouvera donc toujours des investisseurs et des créanciers étrangers pour financer ce déficit. Suivant la situation, il peut en outre être parfaitement justifié d'importer plus que l'on exporte. Si les comptes extérieurs de la Turquie sont très déficitaires par exemple, c'est simplement parce que les entreprises turques investissent beaucoup pour augmenter leur productivité, et achètent de nombreux biens d'équipement à l'étranger. Il n'y a rien de mal à cela…

Dans le cas de la France toutefois, il apparaît que le déficit commercial émane essentiellement d'un manque de souffle de nos exportations. La comparaison avec l'économie allemande est particulièrement cruelle. Depuis 2001, les exportations françaises ne progressent pratiquement pas, alors que les exportations allemandes augmentent plus vite que le commerce mondial[1]. Alors que les deux économies sont compara-

---

1. Défini ici comme la somme des exportations de tous les pays.

bles et soumises de la même façon aux fluctuations de l'euro, comment expliquer cette différence de performance ?

Vers une offre bas de gamme

Les performances d'un pays à l'exportation s'expliquent traditionnellement par des facteurs objectifs, facilement mesurables, comme les prix de vente et le positionnement géographique (pays vers lesquels se font les exportations) ou sectoriel (type de biens vendus) des entreprises. Ces dernières années, la zone euro est la lanterne rouge de la croissance. Un pays dont le commerce extérieur est très orienté vers la zone euro est donc pénalisé par rapport à une économie davantage dirigée vers les marchés émergents. De même, un pays exportant principalement des biens de consommation a actuellement des exportations moins dynamiques qu'un pays spécialisé dans les biens d'équipement, dont la demande est très forte.

Cependant en France, ces déterminants traditionnels ne justifient pas les mauvaises performances du commerce extérieur. Plusieurs études ont rappelé que les difficultés françaises n'étaient pas liées à un mauvais positionnement, mais – et c'est beaucoup plus grave – à des contre-performances généralisées dans la plupart des secteurs. Les économistes se sont donc tournés vers ce que l'on appelle la compétitivité « hors prix », que l'on peut résumer comme l'image de marque des produits français à l'étranger. Cette image de marque est liée à la qualité des produits, à leur aspect innovant, à leur design et aux efforts marketing réalisés. En tout état de cause, elle dépend des investissements passés. Le Centre d'observation économique de la Chambre de commerce de Paris publie périodiquement une étude sur la compétitivité hors prix des produits français. Les éditions récentes ont justement fait apparaître que le manque d'innovation et la qualité constituaient les points faibles de la France, en particulier face à l'Allemagne et au Japon. Subrepticement, l'industrie française glisse vers une offre bas de gamme.

Faut-il s'en étonner ? Il est logique que des entreprises qui voient leur taux de profit diminuer adoptent des postures défensives et investissent le moins possible (pour renouveler les équipements vieillissants, mais guère plus). Il ne sert à rien, dans ce contexte, de multiplier les plans d'aide aux exportations, le mal se situe beaucoup plus en amont...

Chapitre 5

Pauvres ménages

Jeudi 10 mars 2005, plusieurs centaines de milliers de personnes défilent dans les rues françaises. Pas pour défendre des avantages acquis, ni pour s'opposer à telle ou telle privatisation, non, non. Des centaines de milliers de personnes, du public et du privé, protestent contre la faiblesse du pouvoir d'achat. Ils manifestent à juste titre car, en France, le pouvoir d'achat augmente trop peu pour alimenter durablement un niveau de consommation élevé, dont la croissance économique a pourtant besoin. Il évolue aussi trop doucement pour satisfaire les citoyens, en particulier ces fameuses « classes moyennes », qui n'appartiennent ni aux élites ni au monde des petits employés ou des sans-emploi, mais qui pourraient, par leur vote nourri de déceptions économiques, entraîner un nouveau cataclysme politique.

La hausse du pouvoir d'achat doit donc faire partie de tout agenda de politique économique sérieux et réaliste. Dans ce domaine plus encore que dans d'autres, la démagogie peut néanmoins causer des dégâts considérables.

Pouvoir d'achat et précarité : le problème, c'est le chômage

Une progression très lente

Le pouvoir d'achat augmente en France, mais très peu. Sa progression s'est établie à un peu plus de 2 % en 2004, et à 1 % en 2005. Ces chiffres sont supérieurs à ceux de la croissance de la population, ce qui signifie qu'en moyenne, chaque Français est un peu plus riche chaque année (seulement un tout petit peu, et certainement pas suffisamment pour que cela saute aux yeux !). Nous savons aussi qu'il existe de grandes inégalités en termes de gains de pouvoir d'achat dues à des évolutions salariales très différentes. Ainsi, les salariés payés au Smic ont vu leur traitement horaire brut de base augmenter de 24 % depuis 2001. Les revalorisations ont été nettement plus réduites à un niveau plus élevé des grilles salariales, pour les classes moyennes.

La faiblesse des gains de pouvoir d'achat depuis 2003

Croissance annuelle du pouvoir d'achat des ménages

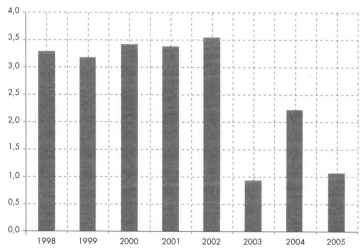

Source : Insee.

En outre, on note une augmentation des « achats contraints », c'est-à-dire les dépenses que les ménages peuvent difficilement réduire : loyers, primes d'assurance, électricité… Ces dépenses s'effectuent généralement *via* un virement mensuel ou trimestriel, ce qui les rend presque comparables à des prélèvements obligatoires aux yeux des particuliers. En 1978, elles représentaient 24,5 % de leur budget. Ce chiffre s'élève à 33,2 % aujourd'hui, en particulier en raison du nombre croissant de services liés aux télécommunications (abonnement de portables, connexion Internet…).

Les ménages perçoivent-ils une baisse de leur pouvoir d'achat parce que les prix augmentent trop ? Apparemment non. L'inflation est inférieure à 2 % en France, et si les prix des carburants ont monté ces dernières années, ceux des biens manufacturés ont beaucoup baissé grâce à la mondialisation. En moyenne, pour un panier de consommation type, les prix augmentent peu. Nous ne sommes plus dans les années soixante-dix, l'inflation ne vient pas dévorer le revenu des ménages. Bien entendu, ces derniers ne l'entendent pas de cette oreille et beaucoup, relayés par les hommes politiques, pensent même que les chiffres officiels de l'inflation sont truqués. Ils ont tort – ces chiffres sont justes –, ils ne veulent voir que les prix en hausse, de l'essence aux aliments frais. Ils réalisent moins que ceux de l'électroménager et des produits d'électronique de loisir sont en chute. En d'autres termes, les ménages regardent les prix liés aux petits achats répétitifs. Ils s'intéressent moins à ceux des « gros » achats, moins fréquents.

Le chômage au cœur du problème

En réalité, si le pouvoir d'achat augmente peu, c'est parce que les salaires sont bridés, essentiellement à cause du taux de chômage qui reste très élevé. Une grande partie de la main-d'œuvre disponible en France ne trouve en effet pas d'emploi. Il faut bien comprendre que le revenu des ménages est directement lié aux créations d'emplois, et ce pour deux raisons. Premièrement, quand l'économie est presque au plein-emploi, les rémunérations des salariés en place augmentent rapidement, tout simplement parce que la main-d'œuvre est rare, recherchée et donc chère ! Aujourd'hui, les ingénieurs diplômés en informatique, dont beaucoup d'entreprises ont besoin, se trouvent dans cette situation et peuvent faire « monter les enchères ». Deuxièmement, un emploi créé, même au Smic, c'est autant de masse salariale qui se retrouve dans le circuit économique. Le passage de la situation de demandeur d'emploi à celle de salarié se traduit en principe par un supplément de revenus substantiel !

Aujourd'hui, ces deux mécanismes sont grippés. Les créations d'emplois demeurent somme toute assez faibles. Par ailleurs, dans un contexte où environ 9 % de la population active est au chômage, il est difficile pour les salariés en place d'obtenir des revalorisations significatives. Au moment des évaluations annuelles, le rapport de force n'est pas en leur faveur. Pour motiver les employés, les chefs d'entreprise préfèrent développer des mécanismes d'intéressement (participation, abondement, épargne salariale…). Certes, ces dispositifs peuvent générer du patrimoine pour les salariés, mais ils ne touchent quasiment que les grandes entreprises : d'après le ministère du Travail, 95 % des personnes qui en bénéficient sont employées dans des entreprises de plus de 1 000 salariés.

Les faibles gains de pouvoir d'achat sont donc bien liés à la persistance d'un chômage de masse. Mais les pouvoirs publics ne veulent pas le comprendre. Pour l'État, relancer le pouvoir d'achat consiste à augmenter le Smic. Or cela ne fonctionne pas, car la hausse du Smic accroît le coût du travail pour l'employeur, ce qui freine les créations d'emploi et, *in fine*, l'augmentation du pouvoir d'achat. Les gouvernements sont aussi assez friands des actions qui leur permettent d'avoir une influence sur les prix. C'est ainsi que Nicolas Sarkozy s'est vanté d'avoir obligé distributeurs et industriels à baisser les prix dans la grande distribution. Dans la même veine, le ministre de l'Économie du gouvernement Villepin, Thierry Breton, a été tenté d'instaurer une troisième période de soldes. En réalité, il n'y a qu'une seule politique qui soit favorable au pouvoir d'achat : celle qui permet de créer des emplois…

Non, les Français ne vivent pas au-dessus de leurs moyens

Prononcée en 2005, la déclaration de Thierry Breton selon laquelle les Français vivaient au-dessus de leurs moyens a fait grincer des dents. Les familles rencontrant des difficultés financières en fin de mois n'ont pas apprécié cette remarque insinuant qu'il serait peut-être bon de songer à faire des économies. Pourtant Thierry Breton ne visait bien sûr pas les Français eux-mêmes, mais l'État, qui vit lui notoirement au-dessus de ses moyens, et de fait essentiellement au-dessus des nôtres. Trop tard, le mal était fait…

Un endettement assez faible

En réalité, les Français ne vivent pas du tout au-dessus de leurs moyens, ils sont assez raisonnables dans leurs dépenses. Si la consommation a été dynamique ces dernières années, les Français continuent d'épargner chaque mois une partie importante de leurs revenus (environ 15 %), essentiellement pour préparer leur retraite (il suffit de voir l'attachement des ménages à un produit comme l'assurance-vie). Ils ont en revanche assez peu recours au crédit, trop peu même. Le taux d'endettement des ménages[1] tourne autour de 65 % de leurs revenus annuels, ce qui est faible au regard des standards ayant cours dans les pays

---

1. C'est-à-dire l'ensemble de leurs dettes à rembourser rapporté à leurs revenus.

anglo-saxons, mais aussi dans les pays scandinaves. Ainsi, le taux d'endettement des Britanniques et des Suédois dépasse 100 %[1], sans que personne ne s'en émeuve vraiment. Les Français, eux, versent en intérêts seulement 2 % de leurs revenus chaque année, ce qui est vraiment très bas. Même si les choses évoluent, les ménages sont assez peu endettés, ce qui n'est pas forcément favorable à l'économie. En effet, l'endettement n'est pas nécessairement une mauvaise chose : en stimulant la consommation, il peut stimuler la croissance…

Le rôle du crédit à la consommation

Ces vingt-cinq dernières années, plus de la moitié de la production de biens et services réalisée en France a satisfait les besoins des consommateurs (le reste a été en grande partie investi et exporté). Nous voyons ici à quel point les comportements de consommation façonnent la structure de l'économie française. Que la dépense des ménages chute, comme en 1993, et c'est la France tout entière qui tombe en récession. Cela ne signifie pas que la consommation suffise à elle seule à soutenir la croissance. À moyen terme, ce sont l'investissement, les gains de productivité, la quantité de travail, la qualité du système juridique ou le degré de flexibilité de l'économie qui génèrent le développement. Toutefois à court terme, le rôle de la consommation ne peut être éludé.

Ces dernières années justement, les ménages ont beaucoup dépensé, essentiellement pour s'équiper en électronique de loisir (home cinéma, écran LCD, caméscope numérique, ordinateur…) et payer les services qui vont avec (les multiples abonnements liés aux portables, à Internet, aux bouquets satellites…). Pourtant, leur pouvoir d'achat n'a que peu pro-

---

1. S'ils devaient rembourser l'ensemble de leurs crédits en une seule fois, cela représenterait 100 % de leur revenu annuel.

gressé. Autrement dit, si les ménages avaient consommé au même rythme qu'ils gagnaient de l'argent, jamais les distributeurs de hi-fi n'auraient pu écouler leurs marchandises aussi facilement. Cette frénésie de dépenses repose essentiellement sur le recours accru au crédit à la consommation. Les établissements spécialisés (Sofinco, Cofinoga, Cetelem, Cofidis…) et les grands réseaux bancaires se sont battus sur les taux, ce qui a eu pour conséquence de diminuer leurs marges, mais aussi de rendre le crédit plus accessible. Par conséquent, les Français ont largement pu financer l'acquisition des nouveaux produits liés à l'électronique grand public, malgré leur faible pouvoir d'achat. La production de nouveaux crédits par les spécialistes des prêts à la consommation a augmenté de 9 % en 2005. En dix ans, cette même production a gagné 90 %.

Cet engouement améliore le bien-être des ménages. En effet, au-delà des problèmes de pouvoir d'achat qui peuvent empêcher l'accès à un bien, le crédit aide certaines personnes à combler un trou transitoire de trésorerie, lors de la naissance d'un enfant par exemple. Le coût direct d'un enfant représente 20 à 30 % du revenu d'un couple. Il peut être indiqué de souscrire un crédit pour continuer à effectuer des dépenses pendant une période où le budget est particulièrement augmenté. En outre, le crédit à la consommation se développe lorsque la croissance a tendance à ralentir. Depuis 2001, les dépenses des ménages ont ainsi soutenu de manière notable la croissance de l'économie française, malgré des gains de pouvoir d'achat très peu élevés. Que se serait-il passé si les ménages n'avaient pas augmenté leur taux d'endettement ? Nous aurions péniblement atteint 1 % de croissance pendant plusieurs années.

De l'argent prêté immédiatement consommé

La relance par le crédit à la consommation est plus efficace que la relance par la dépense publique[1]. Tout d'abord, il est certain que les ménages exerceront leur demande de crédit au moment où ils en auront besoin. Entre le moment où l'État prend la décision d'effectuer une relance de la dépense publique et celui où cette décision se traduit dans les faits par une dépense accrue des ménages, il s'écoule un certain temps... Ensuite, l'argent prêté par une banque est mieux ciblé que celui distribué par l'État. Ce dernier vise une catégorie de citoyens (familles à faibles revenus, jeunes accédant à la propriété, chômeurs de longue durée...) sans individualisation possible. La banque, elle, prête à une personne ayant un besoin précis : financer l'achat d'une automobile, d'un home cinéma, d'une piscine... Ainsi, a-t-elle l'assurance que l'argent prêté sera consommé. Quand l'État distribue de l'argent, celui-ci peut être épargné.

Certains rétorqueront que l'essor du crédit à la consommation génère des cas de surendettement aux conséquences humaines dramatiques. C'est faux la plupart du temps. D'après les chiffres de la Banque de France, dans 55 % des cas, le surendettement trouve son origine dans un accident de la vie, à savoir la perte d'un emploi, un divorce ou une maladie. Le seul excès de crédits (sans chute brutale des revenus) n'explique que 15 % des cas de surendettement, et ce taux est sûrement amené à baisser à l'avenir[2], car les banques ont tout intérêt à réduire encore le nombre d'accidents de paiement. Le débat sur le

---

1. Du type hausse des allocations familiales, revalorisation des pensions, augmentation des revenus sociaux, prime à la casse automobile pour relancer la consommation automobile, etc.
2. D'ailleurs, la part des créances douteuses (prêts pour lesquels les banques considèrent qu'elles ne seront pas ou seulement partiellement remboursées) dans les bilans des banques recule pour dépasser à peine 1 %.

surendettement est une spécificité assez française ; nos voisins (allemands, britanniques, autrichiens) ont d'ailleurs beaucoup plus recours au crédit à la consommation que nous.

Si j'insiste autant sur le rôle du crédit à la consommation, c'est qu'il est intéressant à deux titres. D'une part, il montre à quel point les passions non étayées par des faits peuvent pervertir l'inconscient collectif : le crédit souffre aujourd'hui d'une connotation péjorative, même si les choses ont l'air de changer un peu, heureusement. D'autre part, il est instructif (mais pas réjouissant) d'observer la façon dont l'État, depuis le milieu des années quatre-vingt, a ajouté des couches de réglementation[1] au marché du crédit à la consommation, en arguant de la nécessité de protéger les consommateurs. En conséquence, ce marché est sous-développé aujourd'hui en France, ce qui constitue un frein à notre croissance.

---

1. Le Code de la consommation prévoit la protection du consommateur et de sa caution ; la loi Murcef réglemente la « transparence » des relations entre établissement de crédit et consommateur ; la loi LSF (de sécurité financière) impose qu'un certain nombre d'informations soient données au consommateur, la loi Chatel renforce l'information obligatoire destinée aux ménages…

Depuis 2003, la consommation augmente plus vite que le pouvoir d'achat.

Taux de croissance sur un an (vol., %)

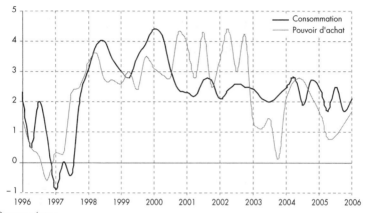

Source : Insee.

Chapitre 6

Les Français travaillent vite, bien, mais pas assez

Pont du 1er novembre, week-end prolongé du 11 novembre, vacances de Noël extensibles grâce aux RTT, la loi laisse aux Français qui ont la chance de pouvoir en profiter beaucoup de temps pour se reposer, voyager, se retrouver en famille... La multiplication des jours de congé, ponts et autres « viaducs » peut même, tout au moins en théorie, être favorable aux commerces ou à l'industrie du tourisme. Si les Français ont plus de temps pour se promener dans la rue, peut-être entreront-ils dans les magasins ; s'ils ont davantage de vacances, peut-être accroîtront-ils le chiffre d'affaires des tour-opérateurs. Néanmoins, pour qu'ils consomment durant leurs congés, encore faut-il qu'ils aient les moyens de le faire. Et c'est bien là que le bât blesse, car la multiplication des jours non travaillés est, *in fine*, mauvaise pour la croissance, le pouvoir d'achat et la consommation. Eh oui, il est difficile de gagner plus en travaillant moins !

Les Français ont raison d'en avoir assez de se serrer la ceinture, mais ils doivent pour que cela change se mettre résolument au travail dès maintenant. Cette question du travail se trouve véritablement au centre de nos problèmes économiques. Il ne s'agit pas ici de se prononcer ou pas en faveur de la civilisation des loisirs. Si les gens préfèrent passer leur temps en contemplateurs plutôt qu'en acteurs, libre à eux. En revanche, ils doivent accepter de payer le prix économique de ce choix par un niveau de vie déclinant.

La coûteuse civilisation des loisirs

La France est l'un des pays développés où l'on travaille le moins. Ceux qui en doutent peuvent consulter les éditions successives des *Perspectives de l'emploi de l'OCDE* publiées chaque année. Il en ressort que nous travaillons :

- peu collectivement, car le taux d'emploi[1] de la France est très bas. Il s'établit à 63 % contre 65,5 % en Allemagne, 71 % aux États-Unis et 73 % au Royaume-Uni ;

- peu individuellement, dans la mesure où le nombre d'heures travaillées par employé est faible (15 % de moins que dans l'ensemble des pays de l'OCDE).

Cette configuration n'est pas la règle chez nos voisins : quand les habitants d'un pays travaillent moins que la moyenne, le taux d'emploi est généralement plus élevé et inversement. Non seulement nous sommes peu nombreux à travailler, mais ceux d'entre nous qui exercent un emploi n'y consacrent finalement en moyenne qu'une part assez modérée de leur temps.

Ainsi, la réduction du temps de travail, en permettant notamment une multiplication des ponts, a considérablement aggravé les choses. Les chefs d'entreprise le répètent à l'envi : il est devenu extrêmement difficile de réaliser du chiffre d'affaires durant les mois de décembre, mai et juillet, naguère pourtant très dynamiques. Certes, la réorganisation du travail consécutive aux 35 heures a parfois permis d'élever la productivité horaire (la capacité à en faire plus en moins de temps), de toute

---

1. Part des personnes occupant un emploi parmi les personnes en âge de travailler.

façon déjà très élevée. En France, les moins productifs, souvent chômeurs, sont de fait exclus du marché du travail. Il faut aussi reconnaître que ceux qui travaillent en France le font intensément, dans un climat de stress important. Ce n'est peut-être pas étranger au fait que nous soyons les *recordmen* du monde de la consommation d'anxiolytiques ! Quoi qu'il en soit, la hausse de la productivité horaire n'a pas été suffisante pour contrecarrer les effets négatifs du recul du nombre d'heures travaillées.

Et, pourtant, nous l'avons déjà vu, il n'y a techniquement que deux sources de croissance à moyen terme : les gains de productivité et la quantité de travail humain. Ce raisonnement est assez intuitif : une économie se développe si de plus en plus de personnes produisent, si elles passent de plus en plus de temps au travail ou si elles emploient des machines de plus en plus perfectionnées, au sein d'organisations de plus en plus efficientes. L'économiste français Olivier Blanchard, professeur – malheureusement pour nous – exilé au MIT à Boston, avait montré que l'écart de PIB par habitant entre les États-Unis et les pays européens les plus avancés s'expliquait davantage par le nombre d'heures travaillées que par la productivité horaire. Les Français travaillent chaque année pas loin de sept semaines de moins que les Américains. D'ailleurs, les *Perspectives de l'emploi de l'OCDE* montrent que les pays où l'on travaille le plus enregistrent la croissance la plus forte.

Quant à la progression du nombre de travailleurs, elle est restreinte : la population active[1] est amenée à régresser en raison du départ à la retraite de la génération du baby-boom[2]. D'après les projections de l'Insee, la population active, qui augmente déjà à pas comptés, connaîtra un pic en 2014 à un

---

1. La population active comprend l'ensemble des personnes qui ont un emploi et les chômeurs.
2. Michel Godet, *Le choc de 2006*.

peu plus de 28,3 millions de personnes, avant de décroître lentement pour atteindre 24,3 millions en 2050. L'augmentation du taux d'emploi et du nombre d'heures travaillées va donc prendre une place centrale dans la progression de notre niveau de vie d'ici dix ans. Le débat sur le pouvoir d'achat oublie souvent cette composante essentielle. Il est tout à fait admissible que les Français, contrairement aux Américains, choisissent les loisirs au détriment du travail. Toutefois, il faut bien mesurer la conséquence d'un tel choix : une baisse du niveau de vie (comparativement aux pays où l'on travaille plus). Finalement, la solution est assez simple et presque morale : plus on travaille, plus on gagne de l'argent. Il n'est pas du ressort de l'économiste de stigmatiser ceux qui veulent travailler moins, mais il est de sa responsabilité de les prévenir qu'ils doivent s'attendre à gagner moins.

Enfin, dans certains secteurs de l'industrie menacés par les entreprises des pays émergents, la course à la compétitivité ne peut se faire par la baisse des salaires. Une telle stratégie[1] serait suicidaire pour notre économie, puisqu'elle conduirait à un affaiblissement de notre consommation, de notre demande interne et, *in fine,* de notre croissance. En réalité, la désindustrialisation dans les secteurs fortement concurrencés à l'international ne peut être freinée que par la hausse de la productivité bien sûr, mais aussi dans une certaine mesure par celle du temps de travail. Les employés français de Bosch à Vénissieux l'ont bien compris, en acceptant de travailler davantage sans compensation de salaire pour préserver leur emploi. Et il n'est un secret pour personne que c'est le faible nombre d'heures travaillées qui a conduit les sites français de Hewlett Packard à réduire leurs effectifs de 25 %, contre 15 % dans le reste de l'Europe.

---

1. C'est celle qu'ont choisie les entreprises industrielles allemandes ces dernières années.

60 ans, c'est encore très jeune

S'il faut allonger notre temps de travail annuel, il nous faut aussi travailler plus longtemps, en l'occurrence plus tard dans la vie. La potion est amère, mais les faits sont têtus : notre fameux « système social » qui fait couler tant d'encre n'est pas compatible, dans sa forme actuelle, avec le vieillissement de la population. C'est probablement vrai de l'assurance-maladie, ça l'est assurément de la branche retraite.

Un système de retraite par répartition

Le système de retraite français est en effet pour l'essentiel un système par répartition : les travailleurs cotisent pour payer des pensions reversées aux retraités. Ce système fait jouer la solidarité entre les générations, les plus jeunes payant pour les plus vieux. Dans une génération, ce sont les cotisants d'aujourd'hui qui, retraités, seront financés par les plus jeunes. La faiblesse du système, perceptible immédiatement, est qu'il dépend de l'évolution démographique. Si le nombre de retraités augmente plus vite que le nombre d'actifs, il faut soit baisser les pensions des retraités, soit augmenter les cotisations des travailleurs, soit retarder l'âge de départ à la retraite. Le vieillissement de la population dissout l'idée de solidarité au profit d'une guerre des générations : les « jeunes » ne veulent pas cotiser davantage, les « vieux » ne veulent pas voir baisser leurs pensions, chacun tirant la couverture à lui.

Certains économistes libéraux proposent de supprimer la répartition pour passer à un système dit *de capitalisation* : les travailleurs épargneraient sur des produits financiers dédiés, avant de récupérer la mise au moment de leur retraite. Un produit comme le PERP (plan d'épargne retraite populaire) fonctionne de cette façon. En France, les gouvernements successifs ont fait le choix de conserver le système par répartition, en introduisant une dose minimale de capitalisation. Il semble en effet politiquement difficile de basculer en totalité vers la capitalisation. Ce système, éloigné de nos traditions, effraie une large frange des ménages, réticents à placer leur future retraite sur les marchés financiers.

Des retraités de plus en plus en forme

Se pose donc la question du sauvetage de notre système de retraite. On connaît la boutade du Chancelier allemand Bismarck, fondateur de l'État providence moderne, qui avait demandé à ses conseillers à quel âge il fallait fixer l'âge de la retraite pour n'avoir jamais à la verser. « À soixante-cinq ans », s'était-il entendu répondre à l'époque. L'espérance de vie à la naissance en France est aujourd'hui de presque soixante-dix-sept ans pour les hommes et quatre-vingt-quatre ans pour les femmes. L'âge légal de départ à la retraite lui, n'a pas changé : il est toujours de soixante ans, alors que, pour notre plus grand bonheur, l'« âge physique » de la vieillesse a reculé (en France, il est rare de rester à l'hôpital pour une longue durée avant soixante-quinze ans).

L'allongement de la durée de vie d'une part, et la baisse du taux de natalité observée dans les années quatre-vingt, d'autre part, rendent notre système de retraite par répartition impossible à financer en l'état actuel des choses. Plus de retraités, moins d'actifs : à pensions constantes, l'équilibre ne serait possible qu'au prix d'une hausse des cotisations, c'est-à-dire d'une pression fiscale, qui serait préjudiciable à l'économie tout entière. Faut-il diminuer les pensions ? Cela paraît politiquement impossible et même économiquement néfaste. Personne n'a intérêt à ce que les retraités subissent une perte de pouvoir d'achat.

Quand le pouvoir fait preuve de démagogie : des 35 heures aux emplois publics

Le passage aux 35 heures

« Ma conception de la politique, c'est de regarder les choses telles qu'elles sont. Les 35 heures ont été un formidable progrès pour une majorité, mais pour une minorité, elles ont conduit à une régression. » Voilà ce que déclarait, avec un certain courage, Ségolène Royal, devant les caméras de Public Sénat le 17 octobre 2006. Il n'est pas nécessaire de savoir précisément lire entre les lignes pour comprendre ce que la candidate socialiste a voulu dire (« les 35 heures ont été mal ressenties par une majorité de nos électeurs »). Nous savons aussi que la réduction du temps de travail a pénalisé la progression du pouvoir d'achat des ouvriers, et n'a donc pas été tout à fait innocente dans l'élimination de Lionel Jospin au premier tour de l'élection présidentielle de 2002.

Il est clair que la démagogie a pu, par le passé, conduire certains gouvernements à aller typiquement à l'encontre de ce qu'il fallait faire. Le passage aux 35 heures en constitue un parfait exemple. Non seulement cette réforme a reposé sur des bases intellectuelles fausses (il existe une quantité de travail donnée qu'il faut partager, il faut travailler individuellement moins pour travailler collectivement plus), mais elle continue de pénaliser la progression de l'emploi salarié. La mise en œuvre de la réduction du temps de travail (RTT) a été décidée « en haut », par un État plus technocrate que jamais, sans véritable concertation. La mesure a entraîné après son instauration la création d'environ 350 000 emplois selon la DARES[1]. Ce chiffre semble élevé, mais il est plausible. En effet, à la fin des années quatre-vingt-dix et au tout début des années deux

---

1. Direction de l'animation de la recherche, des études et des statistiques sous la tutelle du ministère du Travail et des Affaires sociales.

mille, la croissance économique portée par la bulle des nouvelles technologies était forte, et les entreprises ont embauché afin de compenser la diminution du temps de travail décidée par l'État. Les plus grandes ont souvent su utiliser les baisses de charges sociales octroyées à l'occasion pour recruter. La réduction du temps de travail s'est donc conjuguée à l'accélération des embauches, ce qui a entraîné un ralentissement de la productivité par tête à partir de 2001. Depuis, les entreprises essaient de l'accroître, ce qui explique la faible croissance en emplois observée récemment.

Tout se passe comme si les entreprises avaient avalé, contraintes et forcées, trop d'emplois en raison de la RTT, et n'avaient pas encore fini de les digérer. Au lieu d'embaucher des salariés, elles manient les heures supplémentaires et l'intérim. *In fine*, les 35 heures auront joué contre l'emploi, mais également contre le pouvoir d'achat. En effet, si diminuer le temps de travail sans baisser les salaires est une démarche sympathique, ce genre de contorsion économique se paie un jour. Les chefs d'entreprise, surtout dans les PME, ont comprimé les évolutions salariales plusieurs années durant pour compenser le surcoût bien réel lié au passage aux 35 heures[1]. La progression du pouvoir d'achat s'en est ressentie. Enfin, ne l'oublions pas, la RTT a considérablement creusé le fossé entre les salariés des petites entreprises ou les personnes à leur compte, soumis à une forte pression concurrentielle et qui n'ont d'autre choix que de travailler plusieurs fois 35 heures par semaine, et ceux des grandes entreprises ou des administrations, qui peuvent parfois prendre jusqu'à onze semaines de congés payés par an !

---

1. Ce surcoût fut, il est vrai, en partie neutralisé par la baisse des charges sociales.

La création d'emplois publics

Voici un autre exemple d'une politique contre-productive, il s'agit de la création d'emplois publics. Pierre Cahuc, qui a décidément beaucoup apporté à la compréhension du marché du travail, l'a démontré, preuves empiriques à l'appui. Lorsqu'on crée 1 emploi public, on détruit 1,5 emploi privé[1]. Cet effet d'éviction peut s'expliquer principalement de deux façons.

Premièrement, certains emplois publics se substituent aux emplois qui pourraient être créés par le secteur privé. Deuxièmement, la création d'emplois publics pèse sur les finances publiques, et peut donc déboucher sur une hausse des prélèvements obligatoires[2] défavorable à la croissance. Les emplois publics sont payés par la collectivité. Ils doivent donc être financés, soit par de la dette, soit par des impôts. Entendons-nous bien : je ne suis pas en train de dire qu'il ne faut pas créer de postes dans les hôpitaux ou dans les crèches ; je dis seulement qu'il ne faut pas le faire dans le but de diminuer le taux de chômage. On ne le répétera jamais assez : ce sont les entreprises privées qui créent durablement des emplois, pas l'État. Là encore, on peut trouver cela anormal, injuste ou bizarre, mais les faits sont là.

Pourquoi n'y a-t-il jamais un vendeur pour nous servir dans les magasins ?

Non seulement nous ne travaillons pas assez individuellement, mais nous ne travaillons pas non plus assez collectivement. Le

---

1. Calculs réalisés à partir des performances du marché du travail dans dix-sept pays de l'OCDE entre 1960 et 2000, *cf.* Pierre Cahuc, Yann Algan, André Zylberberg, « L'emploi public : un remède au chômage ? », *Revue Économique.*

2. Ensemble de la fiscalité : impôts sur le revenu, impôts indirects (TVA), impôts sur les entreprises, prélèvements sociaux…

chômage est un drame social et humain, mais aussi un drame économique. Les demandeurs d'emploi serviraient mieux la collectivité s'ils travaillaient, c'est-à-dire s'ils produisaient et apportaient leur contribution à la croissance économique. Les coupables sont ici les hommes politiques qui, contrairement à ce qu'affirmait François Mitterrand, n'ont pas tout essayé.

Le chômage de masse

En Europe, le chômage de masse est un phénomène récent. De 2,7 % en 1973, le taux de chômage est passé, en France, à 10 % en 1984 puis à 12 % il y a dix ans, avant de refluer légèrement depuis. La hausse du chômage n'est pas étonnante à première vue. En effet, de l'après-guerre au premier choc pétrolier, la période dite *des trente glorieuses* s'est caractérisée par une croissance économique très forte en Europe, produit d'un « effet de rattrapage » par rapport aux États-Unis. En 1945, le PIB par habitant français était équivalent à 30 % du PIB par habitant américain. Ce chiffre s'élevait à 80 % trente ans plus tard. À partir des années soixante-dix, le ralentissement de la croissance a entraîné une remontée du nombre de demandeurs d'emploi.

Croissance et chômage sont intimement liés. Lorsque la croissance augmente, les entreprises ont besoin de davantage de main-d'œuvre, ce qui fait baisser le taux de chômage. Inversement, si la croissance fléchit, les entreprises diminuent le temps de travail et licencient éventuellement pour adapter leurs besoins à l'activité. Toutefois, si le rythme de la croissance économique explique une partie des fluctuations du chômage, il n'en est pas la seule cause.

Selon les pays, l'importance de la création d'emplois en période de croissance peut différer. En effet, le chômage est fortement lié aux politiques nationales, contrairement à ce que prétendent ceux qui prennent comme boucs émissaires la mondialisation, la concurrence fiscale ou l'euro. Ainsi, il est des pays dans lesquels une croissance de 2 % par an suffit à générer des centaines de milliers de créations nettes d'emplois. Il en est d'autres, comme la France malheureusement, où une croissance de 2 % ne crée presque aucun emploi. Il est difficile d'expliquer ce fait sans évoquer de causes institutionnelles, au premier rang desquelles ce que l'on a coutume d'appeler les « rigidités » du marché du travail. Pour comprendre de quoi il s'agit, plongeons-nous dans la réalité.

Le touriste ou l'homme d'affaires français qui entre dans une grande surface aux États-Unis est frappé par le nombre de personnes qui s'activent pour le servir. Information sur les produits, assistance en rayon et aux caisses, la qualité du service n'est pas la même des deux côtés de l'Atlantique, qu'il s'agisse de la distribution généraliste ou des chaînes spécialisées (bricolage, jouets, équipement de la maison, articles de sport...). Il existe en particulier aux États-Unis des chaînes dites *de haute qualité*, sources de nombreux emplois. À l'inverse, en France, nous devons généralement trouver nous-mêmes un produit dans les rayons, voire deviner la date des prochains approvisionnements.

Cette différence, immédiatement perceptible, est confirmée par les statistiques. En France, 1,6 million de salariés travaillent dans le secteur du commerce de détail, soit environ 2,5 % de l'ensemble de la population. Ils sont plus de 15 millions aux États-Unis, ce qui correspond à 5 % de la population totale. Il y a donc, en proportion de la population, deux fois plus de salariés aux États-Unis pour servir les clients dans le commerce qu'en France. Une entreprise comme Wal-Mart, le leader mondial de la grande distribution, fait travailler à elle seule 1,2 million de personnes aux États-Unis, dont la majorité à plein-temps.

L'argument de la protection du petit commerce

Pourquoi cette différence ? Pour comprendre la faiblesse de l'emploi dans le commerce de détail, il faut remonter jusqu'en 1973, au moment où le maire de Tours, Jean Royer, avec l'appui massif de l'Assemblée nationale, propose de réglementer l'ouverture des centres commerciaux. Le but est de protéger le petit commerce, et de prévenir la dévitalisation des centres-villes et la désertification des zones rurales. Désormais, toute nouvelle implantation de plus de 1 000 m^2 ou tout agrandissement doit être soumis à une commission d'urbanisme commercial. La loi Raffarin de 1996 durcit la loi Royer : le seuil passe de 1 000 m^2 à 300 m^2.

Nous disposons désormais de suffisamment de recul pour faire le bilan de cette loi. Parmi ses multiples effets pervers, nous savons qu'elle a favorisé la concentration de la distribution et empêché l'entrée de jeunes concurrents. Une fois un hypermarché installé, l'expérience montre qu'il est à peu près assuré de conserver une position de monopole local pendant environ dix ans. L'absence de nouveaux entrants réduit ainsi le potentiel de créations d'emplois, et la position « exclusive » du distributeur en place ne l'incite pas à améliorer le service en embauchant. Par ailleurs, une concurrence accrue entraîne plus d'investissement et de productivité, afin de conquérir des parts de marché, donc aussi plus d'innovation, de richesses créées et donc d'emplois ! Les estimations les plus courantes montrent qu'en l'absence de la loi Raffarin, l'effectif total dans le commerce de détail serait supérieur de 10 % à ce qu'il est actuellement.

Certains évoquent l'impact négatif que pourrait avoir la progression de la grande distribution sur le petit commerce. En réalité, les études empiriques, réalisées en particulier sur Wal-Mart aux États-Unis, prouvent que l'implantation d'une grande surface sur un territoire donné est positive pour le tissu économique local, pour peu que l'on n'ait pas les yeux uniquement rivés sur le court terme. Un hypermarché en plus, ce n'est pas que de l'espace vert en moins ! L'installation d'une grande surface entraîne aussi celle de restaurants, de petits commerces (dans une galerie commerciale, il n'y a pas qu'un hypermarché) et des prix bas pour les consommateurs locaux. Enfin, elle conduit aussi à la création d'emplois.

Le coût du travail peu qualifié

La seconde raison de la faiblesse de l'emploi français dans le commerce tient au coût du travail peu qualifié. Prenons le cas des caissières : elles sont recrutées habituellement au Smic et le niveau Bac n'est pas toujours exigé. Une bonne caissière peut progressivement se voir confier une responsabilité d'assistante chef de caisse, de chef de caisse ou de conseillère de vente. Or, sur la base de 35 heures par semaine, un salarié payé au Smic revient à environ 1 700 euros par mois à l'entreprise, dont 200 euros de charges patronales et 300 euros de charges salariales[1]. Pour qu'une hôtesse ou un magasinier soit recruté, il faut donc qu'il ait une productivité supérieure à 1 700 euros par mois, ce qui est rarement le cas. Tout le monde n'a pas la chance de bénéficier au début de l'âge adulte d'une formation qui lui permette d'être aussi productif !

Le coût du travail (salaire brut + charges patronales) d'un salarié français au Smic représente donc 54 % de celui du salarié médian[2], presque le chiffre le plus élevé parmi les pays de

---

1. Les salariés et les employeurs doivent chacun verser des charges sur les salaires. Les premiers paient les charges salariales (Sécurité sociale, Assedic, retraite…), les seconds les charges patronales (accident du travail, allocations familiales, prévoyance…). L'ensemble salaire + charges salariales + charges patronales représente le coût total du travail.
2. Le salarié médian se situe de telle façon que 50 % de la population gagne plus que lui et 50 % de la population gagne moins.

l'OCDE. Voilà une autre explication de la différence de qualité entre un magasin français et un magasin américain, et du niveau élevé du taux de chômage ! Le Smic bénéficie aux salariés en place, bien organisés en syndicats, mais pas à ceux qui cherchent un emploi, et qui n'existent pas en tant que groupe de pression. Dans une note restée célèbre parce qu'elle dérangeait de nombreux intérêts, Guy Laroque et Bernard Salanié avaient calculé qu'une augmentation de 10 % du Smic conduisait à la destruction d'environ 290 000 emplois à terme[1]. On estime généralement qu'un accroissement de 10 % du coût total du travail non qualifié réduit l'offre de postes non qualifiés par les entreprises d'au moins 5 %.

Le Smic augmente plus rapidement que la moyenne des salaires

Indice de base 100, au premier trimestre 2002

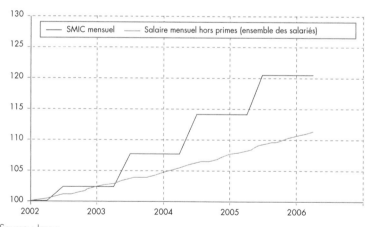

Source : Insee.

---

1. Guy Laroque, Bernard Salanié, « Une décomposition du non-emploi en France », *Économie et statistiques*.

Évidemment, il existe d'autres raisons au sous-développement du secteur français du commerce et de l'emploi, comme les restrictions concernant les jours d'ouverture ou les effets anti-concurrentiels de la loi Galland jusqu'à la réforme de 2005[1]. Ces réglementations entravent les créations d'emplois dans les services, alors même que l'industrie détruit structurellement des postes. Ainsi, la théorie du « déversement » selon laquelle le recul de l'emploi dans l'industrie se traduit par des créations de postes encore plus fortes dans le secteur tertiaire ne fonctionne pas. C'est dommage, car les ménages français consomment beaucoup, ce qui devrait en principe bénéficier au secteur de la distribution. Cette frénésie de dépenses pourrait se traduire par davantage d'activité et d'emplois dans le secteur du commerce, et ce n'est malheureusement pas le cas…

---

1. La loi Galland a été votée en juillet 1996 sous le gouvernement d'Alain Juppé dans le but de réglementer les relations entre la grande distribution et ses fournisseurs. Son but était de protéger le petit commerce en limitant la capacité de baisse des prix de la grande distribution.

Chapitre 7

Le grand désordre des finances publiques

Une dette de 18 000 euros : voilà le cadeau de naissance offert par l'État français à chaque enfant qui naît. La dette totale de l'État atteint officiellement 1 100 milliards d'euros. Il faut en réalité ajouter à ce montant déjà conséquent d'autres engagements, comme les retraites des fonctionnaires, qu'il faudra bien payer un jour et qui frisent les 1 000 milliards d'euros. La somme de ces deux éléments est supérieure au PIB français (qui dépasse légèrement 1 700 milliards d'euros). Certains pays affichent peut-être de pires chiffres, mais les nôtres sont suffisamment élevés pour être inquiétants. Le seul remboursement de cette dette et de ses intérêts représentait 40 milliards d'euros en 2005, soit l'équivalent de la somme des budgets des ministères de l'Agriculture, des Affaires étrangères, de l'Audiovisuel, de la Culture et de la Communication, de l'Intérieur, de la Justice et de l'Enseignement supérieur.

Le remboursement de la dette n'est pas favorable aux ménages les moins aisés, ce qui va *a priori* à l'encontre de ce que souhaitent les thuriféraires de la dépense publique et de l'impôt (ce sont souvent les mêmes). En effet, lorsque l'État s'endette, il émet pour se financer des obligations, c'est-à-dire des titres de dette. Les particuliers peuvent, par l'intermédiaire de leur banque, acheter ces obligations. L'État les remboursera peu à peu et leur versera un taux d'intérêt. On pourrait donc dire que l'endettement de l'État procure des revenus financiers à certains Français. Or seuls les épargnants qui, par définition, disposent de suffisamment d'argent pour en placer une partie dans le but qu'elle leur rapporte des intérêts, peuvent acquérir ces titres. En revanche, les ménages les plus pauvres, qui n'ont pas les moyens d'épargner, paient toutes sortes de taxes, dont une bonne partie est affectée au désendettement de l'État. Ainsi, comme le dit Dominique Strauss-Kahn : « En caricaturant quelque peu, on pourrait dire qu'une part de la TVA payée par le smicard sur sa baguette de pain va être reversée à des épargnants beaucoup plus fortunés que lui[1]. »

Dette publique, prélèvements obligatoires : comment en est-on arrivé là ?

Si l'État français dépense trop, il dépense également mal. Comme l'a rappelé le rapport dirigé par Michel Pébereau[2], l'augmentation de la dette publique n'est pas liée à une volonté délibérée de favoriser la croissance et de préparer l'avenir, mais à une gestion peu rigoureuse. C'est le moins que l'on puisse dire…

Des dépenses d'investissement qui stagnent

Ainsi, la dépense publique totale défalquée de l'inflation a augmenté de 2 % chaque année entre 1993 et 2004. Pendant la même période, les dépenses d'investissement (infrastructures de transport et de communication, bâtiments scolaires et hospitaliers…) sont restées les mêmes ! La part de l'investissement ne représente aujourd'hui guère plus de 7 % des dépenses publiques totales, contre 9,5 % en 1978.

---

1. Dominique Strauss-Kahn, *La flamme et la cendre*.
2. Michel Pébereau, *Rompre avec la facilité de la dette publique* (rapport officiel, ministère de l'Économie, des Finances et de l'Industrie).

Dépenses cumulées par étudiant pendant la moyenne des études

Équivalent dollars (2001)

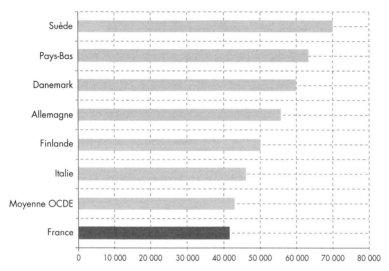

Source : OCDE.

Autre chiffre édifiant : la dépense publique d'enseignement supérieur par étudiant a augmenté d'un minuscule 0,4 % par an entre 1980 et 2000. Ce chiffre explique en partie l'état de délabrement de nos universités, et le fait que notre dépense publique par étudiant du supérieur soit inférieure de moitié à celle de la Suède par exemple. Par ailleurs, ces dix dernières années, l'effort public en recherche et développement est passé de 2,4 % à 2,1 % du PIB (les financements privés n'ont heureusement pas baissé). En d'autres termes, depuis vingt-cinq ans, le déficit public a financé les achats divers et variés, les frais de fonctionnement et les dépenses de transfert (allocations chômages, allocations familiales, retraites...). Or si l'endettement public peut avoir un rôle économiquement justifié, ce doit être pour financer les dépenses d'infrastructures, d'éducation et de recherche qui profiteront aux prochaines générations. Les traitements des fonctionnaires et les transferts sociaux devraient eux être financés par l'impôt.

Des effectifs de la fonction publique qui augmentent

Comment expliquer ces dérives réalisées sur le dos du contribuable et des générations futures ? Nous l'avons dit, par une gestion laxiste et par un déficit de gouvernance plus important qu'ailleurs[1]. Ainsi, les effectifs de la fonction publique prise dans son ensemble (État, fonction publique territoriale et fonction publique hospitalière) s'élèvent à près de 5 millions de personnes (8 % de la population totale, nettement plus que la moyenne européenne, et 20 % de la population active), soit près d'un million de plus qu'il y a vingt ans. La plus grande partie de cette augmentation a eu lieu avant le passage aux 35 heures. Entre 1984 et 2004, l'emploi public a augmenté de 22 %, soit 6 points de plus que l'emploi total.

Ne peut-on pas imaginer qu'une productivité un peu plus élevée aurait permis de ramener ce nombre à des proportions plus raisonnables ? Espérons qu'un gouvernement aura le courage de décider du non-remplacement des fonctionnaires qui partiront à la retraite ces prochaines années. Les dépenses publiques pour l'emploi représentent 15 % du budget de l'État hors remboursement des intérêts dus. Compte tenu de l'efficacité limitée de certaines mesures, n'y a-t-il pas des marges de baisse ? On pourrait malheureusement continuer l'inventaire de ce gaspillage presque à l'infini. Ceux qui s'intéressent à ces questions pourront, s'ils en ont le courage, se reporter au rapport Pébereau ou aux ouvrages de Jacques Marseille[2].

---

1. C'est ce que relèvent Roger Fauroux et Bernard Spitz dans *Notre État : le livre vérité sur la fonction publique.*
2. En particulier *Le grand gaspillage.*

Des prélèvements obligatoires trop importants

En 2004, les dépenses publiques de la France représentaient 54,4 % de son PIB, contre 48,6 % pour la zone euro et 40,8 % pour les pays de l'OCDE, sans que cela ne profite à notre croissance économique. Les prélèvements obligatoires s'élevaient à la même date à 44 % de notre PIB contre 39,5 % pour l'ensemble de la zone euro, 35 % pour le G7 et 25,8 % pour le Japon. Il y a peut-être un lien entre le fait de dépenser beaucoup, de prélever beaucoup, et d'avoir une faible croissance et un fort taux de chômage…

Les choses commencent heureusement à évoluer. Depuis janvier 2006, la mise en application de la loi d'orientation des lois de finance (la LOLF) va dans la bonne direction. Le budget de l'État n'est plus défini par ministère mais par mission. Ce n'est plus le ministère de l'Intérieur que finance le contribuable, mais la lutte contre l'insécurité. La dépense publique est ainsi censée mieux refléter les choix du gouvernement en matière d'emploi, de sécurité, d'éducation. Ce nouveau cadre budgétaire doit également faciliter les évaluations *a posteriori*. L'outil choisi est pertinent, il ne reste plus qu'à espérer que la mise en pratique suive ; la situation se modifie si lentement… Déjà, les mentalités semblent évoluer dans les ministères, c'est un premier pas.

Déficit de la Sécurité sociale : les Français ne sont pas coupables

Les dépenses de santé explosent, et alors ? Oui, elles ont été multipliées par 20 en trois générations[1], mais est-ce un mal ? Faut-il se plaindre que les Français se soignent de mieux en mieux, et que leur espérance de vie soit l'une des plus élevées

---

1. Jean Peneff, *La France malade de ses médecins*.

du monde ? Certes la résistance aux antibiotiques augmente parce que nous consommons trop de médicaments, mais ces derniers sont fournis sur prescription médicale. C'est donc la responsabilité des médecins qui est engagée, et non celle des malades. On nous parle sans cesse du déficit abyssal de l'assurance-maladie : la branche maladie de la Sécurité sociale est en déficit chronique de plusieurs milliards d'euros chaque année, les améliorations ne tenant qu'aux reflux conjoncturels du chômage. Effectivement, ce « trou » existe, mais il est lié au système de financement des soins, et non au niveau de dépense lui-même.

Qui en effet peut affirmer que les dépenses de maladie augmentent trop rapidement ? Sur quoi se fonder pour asséner une telle assertion ? Dit-on que les Français achètent trop de vêtements, ou trop de meubles ? Connaît-on le « bon » niveau de la consommation de voitures ? Non. Alors quel expert ou homme politique peut prétendre connaître le niveau correct des dépenses de santé ? Seuls les Français eux-mêmes le savent, avec l'aide de leur médecin. Pourquoi en ce cas stigmatiser l'augmentation des dépenses de santé, ce dont au contraire nous devrions nous réjouir ? Il est logique que les habitants d'un pays, dont le niveau de vie est élevé et qui continue tout de même de progresser un peu, prennent soin de leur santé. Un peu partout, la part des dépenses de santé dans le PIB croît avec le niveau de développement, comme pour de nombreux services d'ailleurs. On comprend mieux pourquoi le Parlement français ne parvient pas à limiter ces dépenses : elles sont tirées par des forces économiques quasi immuables. Par ailleurs, nous savons que la population française vieillit. Or les études montrent que les dépenses de santé explosent dans les dix dernières années de la vie. N'est-il pas profondément humain de vouloir rester en bonne santé le plus longtemps possible ? Allons-nous fixer un objectif de diminution de l'espérance de vie pour réduire les dépenses de santé ? La voie du rationnement, qu'ont choisie notamment les Allemands, n'est pas la plus progressiste.

Dépenses de santé naturellement en hausse dans les pays riches
Part des dépenses de santé dans le PIB (%)

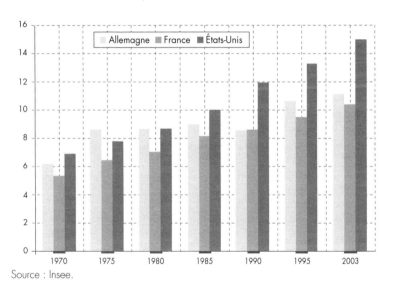

Source : Insee.

Il est positif que ce type de dépenses s'accroisse, pour le bien-être des Français, mais aussi pour l'économie de notre pays. L'industrie pharmaceutique y tient une place historiquement essentielle. Le fait que les dépenses de santé augmentent assure des débouchés à ce secteur qui produit, embauche, et investit beaucoup en recherche et développement. Il ne faut pas l'oublier, à l'heure où chacun s'accorde à dire que, dans la compétition internationale, les entreprises françaises ont tout à gagner à se spécialiser sur des secteurs de très haute technologie.

Partie 3

LES SOLUTIONS

L'économie française a les capacités de repartir très vite et très fortement, pour peu que certaines réformes soient urgemment effectuées. Nos entreprises doivent avoir les moyens de devenir plus réactives, ce qui suppose un allégement des contraintes qui pèsent sur elles et une flexibilisation du marché du travail.

Mais la mondialisation ne met pas seulement les entreprises en concurrence, elle met aussi les États en compétition. Le système fiscal français doit redevenir favorable à l'investissement et à l'innovation. L'État doit accepter d'être plus économe et plus rationnel. Dans ce contexte, le rôle de l'Éducation nationale est absolument central, car dans notre nouveau monde, ceux qui ne disposent pas d'une formation minimale sont condamnés à rester sur le bord du chemin.

Chapitre 8

Laisser les entreprises
faire leur métier d'entreprise

Les Français n'aiment pas le système de la libre entreprise. L'Éducation nationale y est sûrement pour quelque chose : d'après un sondage Ipsos réalisé en 2006 pour l'association Jeunesse et entreprise, 52 % des collégiens et lycéens souhaitent devenir salariés du secteur public (contre 34 % pour le secteur privé). Les Français voient dans la libre entreprise l'avatar d'un monde anglo-saxon qu'ils rejettent. Or ils ne perçoivent pas que le monde entier est en train de se convertir à l'économie de marché, et que nombre de pays pauvres s'enrichissent à toute vitesse grâce au commerce. Un peu partout dans le monde, dans les pays anglo-saxons et scandinaves, en Espagne, en Allemagne, dans les pays émergents, on a compris que ce sont les entreprises qui produisent, investissent et créent des emplois. En France, le chef d'entreprise est accaparé par des tâches qui ne devraient pas le concerner : le suivi des nouvelles lois, la lecture assidue des 2 500 pages du Code du travail, la recherche d'avocats… Un système économique efficace n'est pas constitué d'entreprises subventionnées ou protégées par un soi-disant patriotisme économique. Les entreprises ont simplement besoin qu'on leur laisse faire leur travail d'entreprise dans un monde désormais ouvert, flexible et innovant.

Pas de capitalisme sans capital, ni d'entreprise sans chiffre d'affaires

Le rôle des entreprises est de faire des affaires, de découvrir des marchés, d'aller vendre. En France, la question du financement des PME est très souvent évoquée, à juste titre. Google a été créée en Californie en 1998 et a levé 25 millions de dollars en 1999, apportés par deux capitaux-risqueurs de la Silicon Valley. Cette situation est difficilement imaginable dans notre pays, il faut y remédier.

On parle moins du développement commercial des PME. Bien sûr, il n'est pas de capitalisme sans capital, mais il n'est pas non plus d'entreprise sans clients et sans chiffre d'affaires. Le financement est nécessaire, mais n'est qu'un préalable. L'argent amène le confort, pas les clients. Il ne sert à rien de créer des agences spécialisées dans le financement de l'innovation si, dans le même temps, les contraintes qui pèsent sur les chefs d'entreprise ne leur laissent pas la possibilité de se battre contre la concurrence pour gagner des marchés. Il manque aujourd'hui aux entreprises françaises, et surtout aux plus petites, la possibilité de grandir. Dans l'Hexagone – mais c'est vrai aussi dans l'Union européenne –, il est extrêmement rare qu'une petite entreprise se mue en multinationale[1]. Quatre ans après avoir vu le jour, les PME européennes ont une taille de 20 % inférieure à celles des États-Unis. Nous ne le répéterons jamais assez : l'essentiel de l'investissement, de l'innovation, de l'emploi vient des petites entreprises en croissance, le développement de leur chiffre d'affaires étant facilité par leur petite taille de départ. C'est donc sur ces 98 % de PME, représentant 40 % de l'emploi marchand, qu'il faut miser, en leur permettant d'engranger davantage de bénéfices.

---

1.   SAP, la société allemande de logiciels, constitue une exception notable.

Dans certaines régions, les entreprises ont uni leurs forces en créant des « systèmes productifs locaux » (SPL). Il s'agit d'associations d'entreprises qui se regroupent pour mener à bien un projet d'innovation, de conquête d'un marché lointain ou d'implantation à l'étranger. Ainsi, le pôle des technologies médicales de Saint-Étienne regroupe près de 40 entreprises et plus de 2 500 salariés. Ce SPL fédère des laboratoires de recherche, des enseignants, des médecins et des entreprises pour conduire des actions communes : programme de recherche et développement, veille technologique et réglementaire, participation à des salons à l'étranger… Leur démarche polycentrique laisse une grande part à la flexibilité, et se distingue donc de celle des pôles de compétitivité[1], dans lesquels l'impulsion vient d'en haut.

L'État devrait également prendre ses responsabilités et réserver aux PME une partie des commandes publiques (130 milliards d'euros chaque année !), comme le prévoit le *Small Business Act* américain. En France, moins d'un tiers des marchés publics vont aux PME. Aux États-Unis, les administrations doivent attribuer des parts de marché aux PME selon des objectifs annuels. Les acteurs du système en vigueur outre-atlantique s'accordent aujourd'hui à reconnaître l'impact positif de cette loi sur l'économie. Là encore, la réflexion en France avance, mais le rythme de l'action reste poussif, notamment parce que les gouvernements rechignent à évoquer ce dossier devant l'Organisation mondiale du commerce, par principe opposée à ce type de « discrimination positive ».

---

1. Les pôles de compétitivité regroupent, sur un territoire donné et sous l'impulsion de l'État, des entreprises privées et des centres de formation et de recherche afin de dégager des synergies autour de projets innovants. Il en existe aujourd'hui une soixantaine.

Cela dit, l'un des péchés français consiste à penser davantage en termes d'aides, de soutien et de mutualisation, plutôt qu'en termes de libération. L'idée d'une « politique industrielle » de soutien financier à certains secteurs revient régulièrement, puis s'évanouit, décrédibilisée sous le poids de ses échecs, du plan Calcul au Concorde[1]… En réalité, la priorité n'est pas que l'État aide les entreprises, mais qu'il les laisse se développer en allégeant au préalable les contraintes réglementaires auxquelles elles sont soumises. Les petites structures sont les plus pénalisées. Une réglementation n'a pas le même coût pour une PME et pour une multinationale. L'obligation de respecter une norme, quelle qu'elle soit, constitue un coût fixe. Elle est donc par définition plus difficile à amortir pour une petite entreprise que pour une grande.

Les chefs d'entreprise ne sont pas des juristes

Les chambres de commerce et d'industrie estiment qu'une entreprise de moins de 10 salariés consacre en moyenne chaque année un mois de travail d'un employé aux seules questions administratives ou réglementaires[2]. Dans le classement de l'OCDE sur la rigueur de la réglementation du marché des biens et des services, la France arrive deuxième (derrière l'Italie), autant dire que les chefs d'entreprise français courent avec des semelles de plomb… C'est un point qu'ont bien compris les Américains : ils ont créé la *Small Business Administration*, qui mesure l'impact des lois et des règlements

---

1. Le plan Calcul avait été initié en 1966 par Michel Debré, dans le but d'assurer l'indépendance de la France en matière de gros ordinateurs ! Le plan prévoyait la création d'un grand organisme de recherche public et d'une grande entreprise aidée par l'État. Valery Giscard d'Estaing mit fin au projet en 1975. Quant au Concorde, sa technique de pointe ne lui permit pas de devenir une réussite commerciale en raison d'un marketing défaillant.
2. Anne Dumas, *Pourquoi nos PME ne grandissent pas.*

sur les PME et propose éventuellement un régime dérogatoire. À l'inverse, les PME françaises n'ont pas les moyens de s'organiser pour connaître puis obtenir les crédits d'impôts ou les exonérations fiscales destinées aux entreprises qui exportent, forment leurs salariés ou font de la recherche. Seules les organisations qui ont les moyens de demander à un de leur salarié d'apprendre à s'y retrouver dans un maquis de textes abscons en profitent.

Le harcèlement textuel qui gangrène la vie des chefs d'entreprise fait le bonheur des avocats et des cabinets de conseil. Seulement il a un coût : pendant qu'il remplit son formulaire de TVA ou de taxe professionnelle, le chef d'entreprise ne prospecte pas, ne produit pas, n'embauche pas, ne forme pas. Il est normal de remplir des formulaires, mais ces derniers gagneraient à être plus simples et moins nombreux.

La judiciarisation des ruptures de contrat de travail et les modifications incessantes des règles fiscales sont en outre autant de contraintes qui grèvent les coûts. Né avec le Code Napoléon, le système juridique français ne programme pas la mort automatique des textes. Depuis 2000, le régime de crédits d'impôts sur la recherche a été modifié six fois et celui sur la transmission et la pérennité de l'entreprise huit fois. Depuis 2002, les lois sur l'apprentissage ont été revues six fois. Enfin, entre 2002 et 2004, 85 directives communautaires sur les échanges économiques et commerciaux ont été transposées en droit français.

Plus grave encore, le chef d'entreprise qui a le malheur de ne pas maîtriser les 2 500 pages du Code du travail a toutes les chances de se retrouver devant un tribunal prud'homal, voire pire. D'après l'Agence centrale des organismes de sécurité sociale (Acoss), les contrôles sont de plus en plus longs et complexes. En 2005, 112 000 entreprises ont été contrôlées par l'Urssaf. 55 % des entreprises visitées ont été redressées, et le

montant total des redressements a atteint 921 millions d'euros.
Que faut-il en conclure : que les chefs d'entreprise sont majo-
ritairement malhonnêtes, ou qu'ils n'ont plus le temps ni les
moyens de connaître la loi ? Plus que jamais, l'État doit simplifier les codes et considérer qu'un nouveau texte doit venir en
remplacement d'un texte plus ancien.

Chapitre 9

Adapter le système fiscal
à la compétition internationale

Peu de gens le contestent : le système français de prélèvements obligatoires est inefficace. Les prélèvements sont globalement trop lourds (environ 44 % du PIB, presque un record parmi les pays de l'OCDE) et mal répartis. Ils taxent exagérément ceux qui réussissent, sans redistribuer l'argent de façon efficace à ceux qui en auraient réellement besoin. La démotivation des uns – face aux impôts – ne permet même pas de réduire le niveau de pauvreté des autres. En outre, la somme colossale récoltée est loin d'équilibrer les comptes de l'État. Enfin, ce système, fait de régimes dérogatoires, de niches et d'exemptions est trop compliqué. Il manque de transparence, ce qui aiguise les jalousies et la sensation de « payer trop ». Il donne le sentiment, sans doute en partie justifié, que l'on peut y échapper pour peu que l'on dispose d'un bon conseiller fiscal ! Certes, les gouvernements qui se sont succédé depuis la fin des années quatre-vingt-dix ont bien tenté quelques timides allégements (de l'impôt sur le revenu essentiellement). Le gouvernement de Dominique de Villepin a même esquissé une réforme qui devrait aboutir à atténuer un peu le fait que ces prélèvements croissent plus que proportionnellement aux revenus. Pourtant, ces modifications restent marginales, et il est probablement temps de revoir radicalement notre façon d'envisager la fiscalité, en tenant compte de deux contraintes majeures :

- la richesse d'un pays émane aujourd'hui essentiellement de son effort d'innovation ;
- les entreprises sont de plus en plus mobiles, et se déplacent là où la fiscalité est la plus avantageuse.

L'heure de la compétition fiscale, tant redoutée, a sonné. Il est temps d'en tirer toutes les conséquences qui s'imposent.

Taxer l'innovation, c'est signer notre arrêt de mort

Nous pouvons le déplorer, mais c'est pourtant la réalité : la mondialisation a mis nos économies et nos systèmes fiscaux au pied du mur. À partir du moment où les activités de base sont l'apanage des pays émergents, nous n'avons d'autre choix que de nous focaliser sur les services, si possible à forte valeur ajoutée, et la production haut de gamme. Cela signifie que notre système fiscal doit, d'une part permettre à nos entreprises d'être compétitives, d'autre part encourager l'effort d'innovation.

La fiscalité des entreprises

Concernant la fiscalité des sociétés, la réforme la plus évidente – mais pas la moins brutale – consisterait à supprimer la taxe professionnelle, cet impôt perçu par les collectivités locales et qui frappe le capital de l'entreprise (les bâtiments, les équipements, matériels…). Cette taxe est l'une des plus inefficaces du système fiscal français, ce qui n'est pas peu dire, car en taxant le capital, elle décourage l'investissement ! Objet d'innombrables exonérations, la taxe professionnelle est en outre très concentrée sur un petit nombre d'entreprises.

Certes, les collectivités locales ne se laisseront sûrement pas faire. Les élus français sont visiblement très attachés à leurs prérogatives en matière fiscale. Cependant, il faut bien comprendre que toute modification de cette taxe consiste à remplacer une usine à gaz par une autre. Un simple aménagement de cet impôt ne semble donc pas adapté.

Nous ne couperons certainement pas non plus à une diminution de l'impôt sur les bénéfices des sociétés. Une telle baisse aurait deux avantages. Premièrement, elle laisserait plus de moyens aux entreprises pour financer leurs investissements et pour embaucher. Deuxièmement, elle s'inscrirait dans un contexte de concurrence fiscale dans lequel, fatalement, les sources fiscales mobiles (revenus financiers, bénéfices des entreprises) vont être moins taxées – puisqu'elles peuvent se déplacer et fuir le pays –, au détriment des sources fiscales géographiquement moins mobiles (la consommation[1]). C'est l'un des points essentiels de la donne actuelle : de plus en plus, les entreprises iront là où la fiscalité est la plus avantageuse pour elles. Là encore, nous pourrions disserter longtemps sur le caractère plus ou moins moral de cet état de fait, mais il est peu probable que nous puissions y changer quelque chose. Les nouveaux pays membres de l'Union européenne (notamment la Pologne, la Slovaquie et les pays baltes) l'ont bien compris, et jouent pleinement cette carte, comme l'avait déjà fait l'Irlande quelques années auparavant. Un pays comme l'Estonie ne taxe même pas les bénéfices que les entreprises réinvestissent ! L'économiste Agnès Bénassy-Quéré rappelle ainsi que seuls six membres de l'Union européenne (dont la France) se permettent d'afficher un taux d'impôt sur les sociétés de 33 %[2]. Ils étaient dix-sept il y a dix ans.

---

1. Généralement, nous consommons à l'endroit où nous nous trouvons, et nous ne déménageons pas pour payer moins de TVA.
2. Même si en réalité, les niches fiscales et les exonérations permettent à bien des entreprises de payer un taux plus faible, de 10 % voire moins !

L'exemple irlandais est très éclairant. La réussite économique
de ce petit pays tient beaucoup plus à sa politique fiscale
qu'aux subventions européennes, somme toutes assez faibles
une fois rapportées au nombre d'habitants. Entre 1985 et
2002, la charge fiscale sur les bénéfices des entreprises irlandai-
ses est passée de 50 % à 16 %. Par conséquent, l'Irlande a attiré
de nombreuses entreprises de l'étranger et a revivifié celles qui
étaient déjà installées sur place. Les conséquences économiques de cette politique ont été spectaculaires. Depuis 2002, le
PIB irlandais a gagné 25 % et les ménages ont pu accroître leur
consommation au même rythme. La production industrielle a
augmenté de plus de 10 %, pendant qu'elle stagnait en France.
Le taux de chômage est durablement inférieur à 5 %, et
l'Irlande est le quatrième pays le plus riche du monde en
termes de PIB par habitant, devant les États-Unis. La baisse des
impôts sur les sociétés a été financée notamment grâce à un
taux de TVA élevé, à 21 %.

La fiscalité des particuliers

Une analyse un tant soit peu rigoureuse de la fiscalité ne peut
éluder la question de l'impôt sur la fortune (ISF). Le sujet est
difficile, car il est « pollué » par le débat politicien. La gauche y
voit un outil indispensable de redistribution des hauts revenus
vers les bas revenus. Elle l'a instauré au lendemain de la première élection de François Mitterrand, et l'a rétabli au lendemain de la seconde. Elle ne peut donc le supprimer par
inclination naturelle. La droite y voit l'une des causes de
l'exode des chefs d'entreprise à l'étranger, en particulier en
Belgique, mais reste persuadée que sa suppression en 1986 a
fait échouer Jacques Chirac à la présidentielle de 1988. Par
conséquent, elle n'ose y toucher.

Qu'en est-il réellement ? Il est difficile de savoir si l'ISF a
généré ces dernières années un exode de gros patrimoines de
la France vers l'étranger, dans la mesure où aucune étude indé-

pendante du pouvoir politique n'a été effectuée sur le sujet. Toutefois, il existe de fortes présomptions quant à l'effet négatif de l'ISF sur l'économie, et en particulier sur la « fuite des cerveaux[1] ». D'après le rapport[2] du sénateur Philippe Marini, entre 350 et 370 départs annuels seraient liés à l'ISF depuis 1997, ce qui représenterait une dizaine de milliards d'euros de patrimoine. Cette estimation semble plausible, et même assez basse. D'ailleurs, la plupart de nos voisins ou grands partenaires commerciaux, des États-Unis au Japon, de l'Italie à l'Allemagne, l'ont supprimé, essentiellement pour trois raisons.

Premièrement, une simple discussion avec des professionnels de la gestion de patrimoine fait apparaître que, partout où il a été appliqué, l'ISF a fait fuir des chefs d'entreprise ou, plus globalement, des personnes qui, non seulement le payaient, mais s'acquittaient aussi de l'impôt sur le revenu ou de la TVA ! Chaque personne qui quitte un pays en raison de l'ISF génère donc un manque à gagner important en matière de recettes fiscales. Plus grave, une partie de ceux qui désertent la France pour échapper à cet impôt sont des *business angels*, c'est-à-dire des personnes investissant une partie de leur patrimoine dans le capital d'entreprises en création. Ils vont alors financer ailleurs des entreprises qui nous feront concurrence.

Deuxièmement, l'ISF présente un coût de gestion très élevé, ce qui le rend *in fine* difficilement rentable pour l'État, alors même qu'il ne rapporte généralement pas grand-chose (1 % des recettes fiscales totales en France).

---

1. Départ d'ingénieurs, de scientifiques et de techniciens qualifiés vers des pays à niveaux technologiquement plus élevés que ceux des pays d'origine (*Le Larousse Expression*).
2. Rapport d'information fait au nom de la Commission des finances, du contrôle budgétaire et des comptes économiques de la nation sur l'impôt de solidarité sur la fortune.

Troisièmement, l'impôt sur la fortune ne frappe pas seulement les milliardaires ! En France, il est payé par maintenant plus de 400 000 contribuables, soit deux fois plus qu'en 1998. L'augmentation des prix de l'immobilier ces dernières années a amené les patrimoines à croître très rapidement. Ainsi, des foyers fiscaux qui ne perçoivent pas de revenus d'activité particulièrement élevés sont soumis à l'ISF. C'est le syndrome de l'Île de Ré, dont les médias se sont largement fait l'écho. Chacun se souvient du cas de ce Rétais de soixante-dix-huit ans, cultivateur de vignes, d'asperges et de pommes de terre, obligé de vendre son terrain pour régler les arriérés réclamés par le fisc.

Les ménages qui paient l'ISF sont en quelque sorte fiscalement incités à diminuer la valeur de leur patrimoine, en épargnant moins, en travaillant moins. En résumé, l'impôt sur la fortune fonctionne comme une « machine à démotiver ». Au moment même où il faut encourager le travail, l'ISF se présente donc comme un impôt particulièrement inefficace, qui ne frappe plus vraiment la fortune, mais les patrimoines relativement élevés. Cela dit, il faudra beaucoup de pédagogie au gouvernement courageux qui s'essaiera soit à le supprimer, soit à l'alléger.

La TVA, un impôt d'avenir

Moins taxer l'innovation, l'intelligence et la création de richesses : tout le monde devrait être à peu près d'accord avec ces propositions. En règle générale, les ménages et les chefs d'entreprise ne refusent pas que l'on baisse leurs impôts ! Malheureusement, l'État français perd beaucoup d'argent en raison d'un déficit public chronique, et il serait déraisonnable – pour ne pas dire irresponsable – de laisser croire que l'on peut aujourd'hui diminuer le poids des prélèvements obligatoires sans contrepartie, au risque d'accroître encore la dette.

Bien sûr, si l'État baisse drastiquement son niveau de dépenses, il pourra alléger l'ensemble des prélèvements obligatoires. Néanmoins, une diminution significative de la dépense publique sera longue à mettre en place. Elle nécessitera en effet une réorganisation de nombreux services publics, afin notamment de réduire le nombre de fonctionnaires. Avant que ces réformes ne soient décidées et qu'elles ne se traduisent par des effets concrets, nous ne pouvons nous permettre de laisser les déficits s'accentuer. Ainsi, nous devons nous laisser la possibilité de transférer une partie des nombreux impôts qui pèsent sur les entreprises, et éventuellement des charges sociales, sur d'autres types de prélèvements. S'il y a un seul impôt à augmenter en France, c'est la TVA. Mieux vaut en effet taxer la consommation immédiate que l'investissement et l'emploi. Or le propre de la TVA est de frapper la consommation immédiate et les importations, sans toucher à l'investissement et aux exportations. Il s'agit donc de l'impôt le plus adapté aux circonstances actuelles.

Un point de TVA rapporte environ 8,4 milliards d'euros au Trésor public. Si la France s'alignait sur le Danemark (taux de TVA à 25 %), l'État engrangerait 45 milliards d'euros qu'il pourrait utiliser pour diminuer la fiscalité des entreprises et abaisser les cotisations sociales (ce qui diminuerait le coût global du travail et favoriserait l'emploi). C'est ce qu'ont choisi de faire les Allemands, et il n'est pas dit que les Italiens ne les imitent pas. Non seulement la capacité d'investissement de nos entreprises en serait renforcée, mais le territoire français gagnerait en attractivité. Il ne faut pas se leurrer : bon nombre de pays, et l'Allemagne notamment, abaissent les impôts sur les sociétés (et augmentent la TVA) pour attirer les entrepreneurs étrangers et les sièges sociaux. Le capitalisme n'est pas totalement apatride, la nationalité importe : on ferme plus facilement des usines, des agences ou des bureaux en dehors de son pays d'origine. Par ailleurs, les profits ne restent pas nécessairement à l'endroit où ils ont été générés, ils sont en partie rapatriés vers la région d'origine. Si la France a pour elle son art de vivre et sa position géographique (ce n'est pas rien), elle a contre elle sa réglementation et ses prélèvements sociaux et fiscaux.

On entend souvent dire qu'augmenter la TVA serait injuste, dans la mesure où cet impôt n'est pas progressif, car il frappe chacun de la même façon, sans tenir compte des revenus. Cet argument est fragile : rien n'empêche de rendre la TVA progressive en exonérant par exemple l'alimentation (la part de l'alimentation dans la consommation des ménages est bien plus importante pour les revenus les plus faibles). Et que dire alors des cotisations assises sur les salaires qui, en augmentant le coût du travail, génèrent autant de chômage ? En réalité, la rationalité économique le dicte : il ne serait pas mauvais de taxer un peu moins les profits, sources d'investissement et d'innovation, et un peu plus la consommation. Bien entendu, une hausse de la TVA, en entraînant un relèvement des prix à la consommation à court terme, aurait un effet négatif sur la demande et donc sur la conjoncture pendant quelque mois. C'est pourtant certainement le prix à payer pour rendre notre système fiscal plus compétitif et plus favorable à l'investissement, tout en réduisant notre déficit public.

Chapitre 10

Revenir au plein-emploi : facile !

Tous les mois, l'institut d'études TNS Sofres interroge les ménages sur leurs principales préoccupations. Invariablement, le chômage et l'emploi arrivent en tête, devançant de loin la santé, les retraites, les inégalités et même le pouvoir d'achat. Depuis la fin des années soixante-dix, le chômage est un problème majeur en France. Il touche aujourd'hui 9 % de la population susceptible de travailler, et environ 20 % des moins de vingt-cinq ans[1]. Pire, il frappe pas loin d'un quart des jeunes femmes. Ce qui pouvait passer il y a quelques années pour une évolution mondiale ressemble de plus en plus à une exception française. Qu'on en juge d'après les données comparables de l'office européen de statistiques Eurostat : le taux de chômage s'établit aujourd'hui à 7,5 % en Italie, 5 % au Danemark et aux États-Unis, 4,5 % aux Pays-Bas, au Royaume-Uni et au Japon et 4 % en Irlande. Même l'Espagne, qui a pourtant longtemps présenté un lourd passif en la matière, affiche désormais un meilleur « score » que le nôtre.

---

1. La définition officielle du taux de chômage se limite aux personnes disponibles et sans emploi. Encore faudrait-il, pour avoir une image globale du sous-emploi, ajouter le grand nombre de ceux qui, employés à temps partiel, voudraient travailler plus.

L'emploi aurait-il progressé dans ces pays grâce aux « petits boulots » ? Parfois seulement... Aux États-Unis, le travail peu qualifié représente 20 % de l'emploi total, soit la moitié de la part qu'il occupe en France et en Europe[1].

La baisse du chômage s'est-elle faite au prix d'un recul des salaires ? Non, au contraire, là où la bataille pour l'emploi est gagnée, comme au Royaume-Uni, les salaires flambent.

Taux de chômage en Europe

Part des demandeurs d'emploi dans la population active (%, septembre 2006)

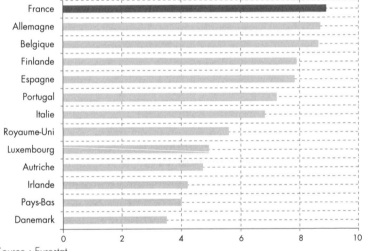

Source : Eurostat.

Le plus scandaleux dans cette histoire est que tout le monde sait ce qu'il faudrait faire. « Surtout, n'en parlez pas », nous chuchotent les hommes politiques, ce serait électoralement suicidaire ! Ainsi, le corps social français est considéré comme un grand malade. Certains ont décrété qu'il ne pourrait pas

---

1. Denis Jeambar, Jacqueline Remy, *Nos enfants nous haïront.*

subir un traitement pourtant reconnu comme efficace, quitte à le laisser mourir.

Tout le monde sait ce qu'il faut faire

Il ne serait pas très difficile de ramener la France au plein-emploi, c'est-à-dire de faire descendre le taux de chômage à un niveau d'environ 5 %. Tout le monde sait comment il faudrait s'y prendre. Du rapport Camdessus au rapport Cahuc-Kramarz[1], à peu près tout a été dit sur ce sujet. Voici les mesures sur lesquelles tout le monde s'accorde :

- assouplir considérablement les procédures de licenciement et plus généralement alléger le Code du travail ;

- continuer de baisser les charges sociales, et pas seulement sur les bas salaires ;

- limiter la progression du Smic à celle de l'inflation en augmentant en contrepartie le montant de la prime pour l'emploi ;

- accroître l'efficacité du service public de l'emploi ;

- ouvrir à la concurrence les secteurs dans lesquels la création d'entreprises est rendue difficile par la loi (distribution, hôtellerie, taxis…). Les rentes de situation freinent la création de nouvelles entreprises, au bénéfice des compétiteurs en place, mais au détriment de l'emploi[2] ;

---

1. Michel Camdessus, *Le sursaut : vers une nouvelle croissance pour la France* (La Documentation française, 2004). Pierre Cahuc et Francis Kramarz, *De la précarité à la mobilité : vers une sécurité sociale professionnelle* (rapport au ministre d'État, ministre de l'Économie, des Finances et de l'Industrie et au ministre de l'Emploi, du Travail et de la Cohésion sociale, 2004).
2. La gauche italienne, emmenée par Romano Prodi, l'a compris. Une fois arrivée au pouvoir, elle n'a pas attendu pour déclarer la guerre aux professions protégées. Néanmoins, là-bas comme en France, les conservatismes ont la vie dure, et la réforme est difficile. Ce n'est pas une raison pour ne pas s'y atteler.

- développer l'apprentissage ;

- élever le niveau des formations généralistes.

Évidemment, certaines des mesures citées plus haut ont été prises ces dernières années. Le contrat nouvelle embauche (CNE) prévoit par exemple l'instauration d'une période d'essai (pudiquement appelée « période de consolidation de l'emploi ») de deux ans. Cette mesure a nettement levé un frein important à la création d'emplois dans les entreprises de moins de vingt salariés. Le développement de l'apprentissage répond également à un véritable besoin de formation, et a permis de faire reculer de quelques dixièmes de point le taux de chômage des jeunes. L'ANPE a quant à elle réalisé des efforts considérables pour augmenter le placement des demandeurs d'emplois. Toutefois, nous sommes encore loin du compte, et la baisse limitée, mais réelle, du nombre de demandeurs d'emploi observée depuis la mi-2005 ne tient pas qu'à des causes vertueuses. En particulier, l'État subventionne beaucoup de nouveaux emplois, que l'on appelle dès lors des emplois « aidés ». Autrement dit, quand il ne crée pas lui-même des postes, l'État verse une somme aux entreprises qui embauchent dans le cadre de certains types de contrats. Ces derniers prennent de doux noms (*contrats d'avenir* aujourd'hui, *emplois jeunes* hier), mais plus grand monde n'est dupe : ces contrats ont un coût pour les finances publiques. Le jour où l'État ne les subventionne plus, ils disparaissent. Enfin, ils réinsèrent rarement, et stigmatisent même parfois : la ligne « emploi jeune » sur un CV n'est pas porteuse. On peut le regretter, mais c'est la réalité. Plus généralement, on n'a jamais vu un pays régler le problème du chômage à coups de contrats subventionnés. Seule compte la capacité des entreprises du secteur privé à créer des emplois, le reste n'est qu'habillage…

Jacques Marseille a finalement raison d'écrire que le chômage est « le mode de régulation d'une société qui refuse la réforme et qui a préféré financer l'exclusion pour sauvegarder ses privilèges[1] ».

La flexibilité ne doit pas être un tabou

Un Code du travail trop rigide

Ne tournons pas autour du pot : il faut assouplir le Code du travail, pas par idéologie, ni pour faire plaisir aux entreprises, mais parce qu'il s'agit d'une solution efficace. Les Français y sont prêts, plus certainement que leurs élites. Dans un sondage réalisé par Ipsos en septembre 2006, 83 % des personnes interrogées déclaraient accepter que le gouvernement « assouplisse le Code du travail en y introduisant plus de flexibilité ». Tous les pays qui ont obtenu de bons résultats dans le domaine de l'emploi l'ont fait. Or la France cumule deux caractéristiques bien à elle : des procédures de licenciement parmi les plus réglementées et les plus judiciarisées au monde et un taux de chômage record. Quand un chef d'entreprise français souhaite se séparer d'un salarié en contrat à durée indéterminée (CDI) parce qu'il ne donne pas satisfaction ou parce que la dégradation de la conjoncture exige une baisse de la masse salariale, il sait d'avance qu'il risque de se retrouver aux prud'hommes, en appel et en Cour de cassation. Ces démarches représentent pour lui un coût non négligeable, en termes de temps passé (plusieurs années de procédures), d'énergie dépensée et de frais d'avocats. La France est ainsi le seul pays développé dans lequel les juges ont le droit d'évaluer si la décision d'une entreprise était économiquement justifiée, alors qu'ils ne sont ni

---

1. Jacques Marseille, *La guerre des deux France.*

économistes ni chefs d'entreprise ! Disons-le clairement : les entreprises doivent avoir le droit de licencier, c'est la condition pour qu'elles embauchent.

Que font les entreprises qui souhaitent malgré tout recruter ? Elles recherchent les solutions les plus souples : l'intérim, les stages, les contrats à durée déterminée (les CDD représentent aujourd'hui plus de 70 % des embauches). Chassée par la porte faute de l'avoir acceptée et négociée, la flexibilité revient par la fenêtre sous une forme qui ne satisfait dans l'absolu pas grand monde. Le marché du travail se retrouve scindé en deux : les titulaires d'un CDI d'un côté, auxquels il ne peut pas arriver grand-chose s'ils ne commettent pas de faute trop grave ; et les titulaires d'un CDD de l'autre, souvent jeunes, qui naviguent d'entreprise en entreprise et ne présentent jamais les garanties suffisantes pour obtenir un financement immobilier et accéder à la propriété.

Du RMI au statut de travailleur

Comment mettre fin à cette dualité ? Certains proposent de supprimer le CDD. Si l'on veut faire disparaître le peu de flexibilité qui reste aux entreprises pour embaucher et accroître le chômage et la pauvreté, c'est une excellente idée. En revanche, un minimum de bonne volonté et d'honnêteté intellectuelle montre qu'il n'y a pas d'autre voie possible que la réforme du droit du travail. Elle doit aller dans le sens d'une plus grande flexibilité, quitte à offrir davantage de garanties aux chômeurs, en les indemnisant mieux. Des systèmes d'accompagnement, de reconversion et d'aides à la mobilité dont les coûts seraient mutualisés au sein de la collectivité doivent pouvoir être créés. Si la redistribution par l'État peut servir à quelque chose, c'est bien à cela : rendre politiquement et socialement acceptables la mondialisation et les gains économiques qu'elle génère pour la société dans son ensemble.

Là encore, attention aux effets pervers qui pénaliseraient les plus faibles ! Il faut aussi que les demandeurs d'emploi soient financièrement incités à travailler : le passage du statut de Rmiste à celui de salarié doit générer un net accroissement de revenus. Sinon, pourquoi se remettre au travail ? En France, nous disposons depuis 2001 d'un outil supposé corriger ce biais (la prime pour l'emploi), inspiré notamment de l'*earned income tax credit* américain. La prime pour l'emploi est censée lutter contre ce que les économistes appellent les « trappes à inactivité », c'est-à-dire les effets potentiellement désincitatifs de la perte de revenus sociaux des personnes qui retrouvent un emploi. L'État verse une somme à tous ceux qui reprennent un travail pour augmenter leur rémunération. Il s'agit d'une sorte d'impôt « négatif ». Malheureusement comme souvent en France, si l'idée de départ est astucieuse, l'intelligence a vite cédé le pas à la démagogie. Au lieu de viser l'efficacité maximum en donnant beaucoup à ceux qui en ont besoin, on a préféré donner peu à de nombreuses personnes. Plusieurs milliards d'euros sont ainsi dépensés chaque année pour offrir quelques dizaines d'euros chaque mois à 9 millions de foyers. Qui peut croire que 9 millions de foyers en ont réellement besoin pour échapper au statut de *working poor* ?

Enfin, le coût du travail est trop élevé en France, surtout pour les personnes les moins qualifiées (qui sont souvent jeunes), *de facto* exclues du marché du travail. Faut-il alors supprimer le Smic ? Pas nécessairement. En revanche, les hommes politiques devraient avoir la main un peu plus légère au moment du fameux coup de pouce de chaque mois de juillet, effectué en fonction de son impact anticipé sur l'opinion publique, et sans tenir compte de ses effets sur l'économie. Il faut surtout aller plus loin dans la baisse des charges sociales sur les bas salaires pour réduire le coût du travail, sans compenser ces diminutions par des hausses inconsidérées du Smic. L'effet sur l'emploi serait sinon nul, et l'argent utilisé pour financer la baisse des charges littéralement jeté par la fenêtre.

Chapitre 11

Finances publiques :
à quand le grand ménage ?

Nous ne ferons pas l'économie d'une réforme de l'État, car nous ne pouvons laisser la dette publique s'emballer. Certains hommes politiques, drogués à la dépense publique, ont pu prétendre que la réduction de la dette n'était pas une priorité parce que « l'État ne rembourse jamais ses dettes ». Or plusieurs fois par an, l'État français rembourse des obligations[1] arrivées à échéance. Il le fait avec de l'argent qu'il a emprunté de façon opportuniste quelques jours plus tôt : ainsi, la nouvelle dette rembourse l'ancienne. Par définition, ce mécanisme ne fonctionne que si l'État trouve de nouveaux emprunteurs ne demandant pas un taux d'intérêt exorbitant. Jusqu'à maintenant, cela a toujours été le cas, mais l'avenir n'est pas écrit. Si l'État français continue sa fuite dans l'endettement, viendra un jour où convaincre les créanciers sera plus difficile.

---

1. Voir introduction du chapitre 7.

La nécessaire réforme de l'État

La dette publique représentait 66,6 % du PIB en 2005 contre 58,2 % en 2002. Et encore, ces chiffres sont minorés par ce que l'on appelle dans le monde de l'entreprise – non sans humour – des techniques de « comptabilité créative », autrement dit des artifices comptables. Tous les gouvernements en usent et tous les spécialistes des finances publiques le savent. Il y a en tout cas un chiffre qui ne peut mentir : 15 % des dépenses de l'État (à peu près l'équivalent des recettes de l'impôt sur le revenu) servent à payer les intérêts de la dette. Pas à la rembourser, seulement à payer les intérêts ! Certes, aujourd'hui, la dépense publique progresse moins vite qu'il y a quelques années, car certains ministères consentent à quelques coupes sombres (ils n'ont en général pas le choix). Les hommes politiques, les plus avisés en tout cas, semblent avoir enfin compris que ce n'est pas la frénésie de dépenses de l'État qui déclenche la croissance économique. Depuis la fin des trente glorieuses, dans les années soixante-dix, la part de la dépense publique dans le PIB est passée de 40 % à presque 55 %. Aujourd'hui, nous sommes au bout de ce système. Nous ne réduirons plus la dépense publique en taillant à la serpe dans les budgets. Il faut changer nos mentalités et modifier le fonctionnement de l'État, afin que celui-ci devienne moins dépensier. La loi organique relative aux lois de finances (LOLF), qui doit permettre de mesurer l'efficacité des missions de l'État, est un outil efficace, c'est maintenant l'organisation de la fonction publique qui doit changer.

Les autres l'ont fait, pourquoi pas nous ?

L'État français n'est pas le premier à connaître un problème d'endettement. Le Canada, le Danemark ou la Suède sont des exemples de pays qui ont remis leurs finances publiques en ordre. Le cas suédois est particulièrement intéressant[1]. Depuis 1993, la dépense publique a fortement reflué, et les comptes de l'État qui étaient déficitaires sont maintenant excédentaires. Oui, l'État suédois gagne de l'argent ! Plus intéressant encore, la baisse du nombre d'emplois publics a ravivé le secteur privé, qui s'est lui-même remis à créer massivement des emplois. Que s'est-il passé ? Les services publics ont été restructurés, un peu à la façon d'une entreprise, par un gouvernement social-démocrate dans un esprit de dialogue. L'État suédois se compose désormais de 13 petits ministères et de 300 agences, publiques ou à capital mixte, placées sous la responsabilité d'un directeur généralement nommé par le ministre concerné. Ces directeurs, issus du public ou du privé, disposent d'une grande autonomie. Le ministre fixe les objectifs, acte éminemment politique. Les agences proposent un budget et un mode d'évaluation des performances et de reporting, acte éminemment technique. Ce sont les agences qui gèrent les ressources humaines, en décidant elles-mêmes de leur politique de recrutement, de rémunération ou de licenciement. Il n'y a plus de grille salariale globale. Si les agences présentent un déficit (elles présentent un compte de résultat), elles empruntent de l'argent au gouvernement et lui paient des intérêts ! Qui a dit qu'on ne pouvait pas réformer l'État ?

Un exemple moins connu est celui de l'Italie. Au début des années quatre-vingt-dix, l'inefficacité de l'État italien était devenue proverbiale : il était trop rigide, trop bureaucratique, trop coûteux. En 1990, le déficit public était supérieur à 10 % du PIB italien (rappelons, pour remettre ce chiffre en perspective, que les critères de Maastricht imposent aujourd'hui de ne pas dépasser la barre des 3 %). La chance du pays a peut-être été

---

1. Voir Patrick Artus, « Pourquoi et comment réformer l'État ? », *La Revue parlementaire*.

Réduction de la dépense publique
entre son niveau maximum et 2004
Variation en % du PIB

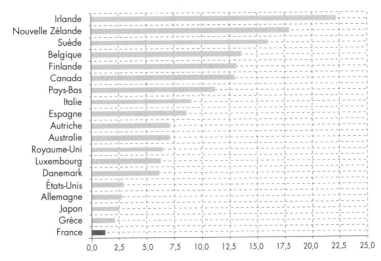

Source : Ameco.

de tomber très bas : le consensus en faveur d'une réforme était presque total. Les citoyens voulaient un État plus efficace, le gouvernement souhaitait une administration moins coûteuse, et les fonctionnaires eux-mêmes étaient en quête de reconnaissance sociale. Le gouvernement a alors fixé des objectifs clairs et détaillés : réduire le périmètre de l'action publique, alléger les démarches administratives, donner à l'administration la culture de la performance, responsabiliser la gestion des ressources, diminuer le nombre de ministères et décentraliser. Il fut également décidé de distinguer clairement le rôle des politiques et celui de l'administration : les politiques doivent décider, tandis que les fonctionnaires sont responsables de l'exécution, de la gestion et des performances. La principale difficulté rencontrée fut de faire évoluer la culture des fonctionnaires, en les faisant passer d'une logique bureaucratique à une logique de service, de productivité et de récompense. Aujourd'hui, la rémunération au mérite existe dans l'administration italienne, et le taux de satisfaction des Italiens s'est nettement accru. L'État a considérablement réduit ses frais de personnel (en pourcentage du PIB). La dette publique est passée de 125 % du PIB en 1995 à 105 % environ aujourd'hui. Certes ce chiffre est plus élevé qu'en France, mais la direction prise par l'État italien est la bonne.

L'Éducation nationale doit réécrire sa copie

Des coûts trop élevés

Il est impossible d'évoquer la réforme de l'État sans parler de l'Éducation nationale. Soyons clairs : l'école publique française est à la dérive. Elle coûte de plus en plus cher et forme de moins en moins bien. L'enseignement scolaire est la mission qui pèse le plus dans le budget de l'État (60 milliards d'euros environ). À côté de ce chiffre, les budgets alloués à l'enseignement supérieur et surtout à la recherche sont minimes. Il faut dire que l'enseignement scolaire contrôle particulièrement mal ses dépenses. Le coût annuel moyen d'un collégien a grimpé de 33 % entre 1990 et 2004, atteignant 7 401 euros. Après tout, pourquoi pas ? Nous pouvons parfaitement considérer que l'école fasse partie des priorités d'un État comme le nôtre, et que le niveau de dépenses soit établi en conséquence. Là où le bât blesse, c'est que les résultats sont loin d'être au rendez-vous. Seul un quart des élèves atteint le niveau requis en fin de collège. À la fin du CM2, le quart des élèves ne lit pas couramment et 60 % d'entre eux ne savent pas diviser 60 par 4[1]! Ceux auxquels les parents peuvent payer des cours particuliers ou

---

1. Laurent Lafforgue, Marc Le Bris, « Trois réformes urgentes pour sauver l'école », *Le Figaro*, 24 octobre. 2006.

une inscription dans l'enseignement privé (désormais obligé de refuser du monde) s'en sortiront. L'école primaire laisse les autres sur le bord du chemin. L'Éducation nationale a la culture de la dépense, pas celle du résultat.

La facture s'est aussi considérablement alourdie au lycée : la dépense moyenne par lycéen a augmenté de 50 % entre 1990 et 2004, pour frôler 10 000 euros par élève et par an, soit 30 % de plus que la moyenne de l'OCDE. En réalité, l'Éducation nationale est une administration qui ne sait raisonner que de façon quantitative. Il faut augmenter le nombre de postes, augmenter le volume horaire des élèves, augmenter le nombre d'options, augmenter le nombre de voyages scolaires, diminuer le nombre d'élèves par classe. On ne sait parler que de nombre, peu de suggestions sont d'ordre qualitatif. Les notions de services ou de productivité n'existent pas. Pire, elles font scandale. La principale fédération de parents d'élèves française, la FCPE, s'indigne notamment sur son site Internet que « la vraie motivation soit la recherche systématique d'économies[1] » en évoquant le projet de budget 2007. Qu'y a-t-il de mal à ce que le gouvernement cherche à faire des économies ? Le problème n'est pas là. La seule question pertinente est de savoir comment former les élèves au mieux, pour un coût qui soit contenu dans des proportions raisonnables. Il serait temps que le « mammouth », pour reprendre l'expression de Claude Allègre, mette ses pendules à l'heure du XXIe siècle et apprenne à faire mieux en économisant ses moyens.

Un enseignement déconnecté du monde de l'entreprise

Cette incapacité de l'Éducation nationale à former correctement a des conséquences directes sur notre économie. Sur le niveau du chômage d'abord : pour qu'un jeune trouve un tra-

---

1. www.fcpe.asso.fr.

vail, il faut qu'un emploi soit vacant, que le candidat soit prêt à l'accepter, et qu'il soit capable de l'exercer. C'est bien là qu'intervient la formation. Il serait utopique de prétendre que tous les jeunes sont faits pour suivre une formation qualifiée. Néanmoins, il faut être lucide : au sein de l'économie mondialisée, les salariés les plus qualifiés, et ceux qui sont les plus adaptables (ayant bénéficié d'une formation généraliste) sont les grands gagnants en termes d'employabilité et de salaire. À ce titre, l'Éducation nationale doit prendre ses responsabilités : 100 000 jeunes sortent chaque année du système éducatif sans qualification[1]. Parmi les personnes âgées de dix-huit à soixante-cinq ans résidant en France métropolitaine, l'Insee rapporte que 14 % des hommes et 11 % des femmes ont des difficultés graves ou assez importantes dans les domaines fondamentaux de l'écrit. Que vont-ils faire dans une économie mondialisée, concurrentielle ?

Une éducation nationale et un enseignement supérieur qui préparent mal au monde de l'entreprise fabriquent du chômage et de l'exclusion. Au-delà de la question de la formation, l'enseignement français oriente mal. Des secteurs comme l'hôtellerie et la restauration, les transports, le bâtiment et les travaux publics, les banques ou les compagnies d'assurance manquent de main-d'œuvre, parce que trop d'étudiants ont été acceptés dans des filières sans débouchés. En quelques mots, l'école est déconnectée du monde réel et l'université est déconnectée de l'entreprise. Si elle ne doit pas être à la solde de l'entreprise, il est toutefois inconvenant qu'elle la méprise.

Remédier à ces défauts prendra plus que quelques semaines, car il faut certainement revoir les programmes, qui doivent

---

1. Alors même que la France consacre 6,3 % de son PIB aux dépenses d'éducation, soit plus que la moyenne de l'OCDE (voir *Regards sur l'éducation*, Les indicateurs de l'ODCE, 2006).

devenir plus concis et plus exigeants, et les modes de notation des élèves. Un enfant qui ne sait pas lire à la fin du CP ne doit pas passer en CE1. Enfin, comme dans l'administration en général, le salut passera par la mise au point d'outils d'évaluation, à tous les niveaux (école primaire, collège, lycée). Les directeurs d'établissement doivent pouvoir embaucher, évaluer, licencier. Il doit en être de même dans l'enseignement supérieur. Les universités doivent gagner en autonomie pour recruter les meilleurs professeurs et fixer les droits d'inscription. Le bon sens doit reprendre le dessus. L'université doit être payante, les étudiants défavorisés et méritants devant disposer de bourses. L'enseignement supérieur a au moins cette excuse par rapport au secondaire : il manque de moyens...

Réformer la Sécurité sociale et la retraite

La baisse de la dépense publique, si nécessaire, passe par une amélioration des comptes de la Sécurité sociale. Mais dans ce domaine, la logique économique doit reprendre le dessus sur la logique tristement comptable. La logique du comptable est celle du rationnement : si les dépenses progressent trop rapidement, les Français doivent consommer moins et les médecins être mis sous tutelle. La logique de l'économiste est celle de la réforme : les Français doivent dépenser ce dont ils ont besoin en tant que malades ; les médecins faire leur travail au mieux ; et le financement de l'assurance-maladie, qui est défaillant, doit être modifié.

Le système français de santé est déficient parce qu'il n'est pas responsabilisant. Au fil du temps, il s'est éloigné de la logique de l'assurance. Il convient en effet de distinguer deux types de traitement. Les traitements longs, requis dans le cas de maladies lourdes comme les cancers, le sida, les maladies cardiaques... Le remboursement de ces traitements entre dans le cadre de la solidarité nationale : on ne va pas refuser à quelqu'un une chimiothérapie sous prétexte qu'il n'appartient pas à une catégorie socioprofessionnelle supérieure. L'impôt a ici un rôle à jouer. En revanche, pour la plupart des traitements de courte durée, une logique d'assurance doit prévaloir. Tout le monde cotise, en fonction de son risque propre, au profit de la petite poignée de personnes qui tomberont réellement malades. Le problème qui se pose alors est similaire à ce que rencontrent tous les jours les assureurs : chacun est incité à dépenser plus que ce dont il a réellement besoin. Si tout le monde cotise, plus je consomme, plus je finance ma santé aux dépens des autres !

Ce problème classique en assurance appelle deux réponses. D'une part, il faut tout simplement contrôler davantage les abus qui existent certainement. Entre 1997 et 2002, les indemnités journalières d'arrêts maladie ont augmenté de 46 %[1] ! D'autre part, il faut généraliser un système de bonus-malus, comme dans les autres secteurs de l'assurance (en excluant, bien sûr, les pathologies lourdes) : les gros consommateurs doivent cotiser davantage. Le skieur présente un risque plus important, il doit payer plus ! Il ne faut pas se leurrer : s'ils veulent éviter la privatisation de la santé, les Français devront payer...

Quant au financement des retraites, il ne reste guère qu'une solution : retarder l'âge légal de départ à la retraite. D'autres pays l'ont fait avant nous. En Espagne, au Royaume-Uni, aux Pays-Bas quel que soit son sexe, en Allemagne et en Belgique si l'on est un homme, la retraite se prend à partir de soixante-cinq ans. Cette mesure serait en France d'autant plus juste que l'espérance de vie y est plutôt plus élevée qu'ailleurs. Par ailleurs, elle serait aussi efficiente économiquement. Au-delà de ces vérités démographiques et comptables, la retraite à

---

1. Denis Jeambar, Jacqueline Remy, *op. cit.*

soixante ans érigée comme dogme immuable prive la France d'une force de travail expérimentée, dont la croissance – et donc notre pouvoir d'achat – aurait bien besoin.

Conclusion

La France n'est plus un pays économiquement enviable. Les étrangers nous regardent de plus en plus avec condescendance, nos déboires économiques nous ayant fait perdre de notre éclat. Nous entendons souvent dire de la part d'investisseurs ou d'entrepreneurs étrangers : « Paris est une ville magnifique, mais ce n'est plus ici que cela se passe. »

Des exemples à suivre

Faut-il désespérer ? Sûrement pas ! En économie, les évolutions peuvent être très rapides si les politiques agissent intelligemment. Les exemples sont légion dans l'histoire. La situation du Royaume-Uni n'était pas reluisante dans les années soixante-dix. Aujourd'hui, les Britanniques connaissent une croissance forte et le plein-emploi. L'Allemagne, pliée par le poids de la réunification, est en train de redevenir à coup de réformes douloureuses une très grande puissance économique. Le Japon, nation vieillissante et criblée de dettes a, comme au judo, utilisé les forces du concurrent chinois à son propre profit. Certains exemples sont encore plus spectaculaires. Dans les années cinquante, peu après l'afflux de réfugiés venus de Chine au moment de la révolution de 1949, Hong Kong était un entrepôt bondé de réfugiés. Dans les années quatre-vingt-dix, les habitants de Hong Kong étaient trente fois plus riches que les Chinois. Après la révolution communiste de 1949, Hong Kong a adopté un État de droit (ce que n'a pas fait la Chine) et s'est plongé dans le bain de jouvence de la concurrence internationale (ce que la Chine a tardé à faire). Enfin, n'oublions pas non plus qu'il y a cinquante ans seulement, la Corée du Nord était considérée comme plus riche que la Corée du Sud !

La France dispose de nombreux atouts, dont ses grandes entreprises, nous l'avons vu. En effet, même si elles ne réalisent qu'une faible part de leur activité en France, c'est bien du territoire français qu'elles irriguent le monde en biens et services, ce qui ne peut que constituer pour nous un motif de fierté. LVMH est leader mondial du luxe, L'Oréal des cosmétiques, Areva du nucléaire, Sodexho des services, Michelin des pneumatiques… La France reste, avec 75 millions de visiteurs par an, le premier pays de destination touristique du monde, devant les États-Unis et loin devant l'Espagne et l'Italie, qui bénéficient pourtant d'un climat plus attrayant. Ces points forts, il est vrai, ne datent pas d'hier.

Il paraît que…

Il paraît que rien ne change en France. C'est faux, il est des révolutions silencieuses. Tout est affaire de management et de bonne volonté. Il y a quinze ans, Air France était une excroissance de l'administration, engluée dans ses rigidités syndicales et ses grèves, qui arrivait à perdre de l'argent en situation de monopole. Il aura fallu attendre qu'un homme, Christian Blanc, décide de prendre la situation en main. Aujourd'hui, Air France-KLM affiche des résultats records, malgré l'émergence des compagnies *low cost*, la concurrence du TGV et un marché mondial du transport aérien déprimé. Bravo au management et aux salariés d'Air France qui nous donnent l'exemple !

Il paraît que les Français, repliés sur eux-mêmes, ne veulent plus faire d'enfants. Pourtant, après avoir chuté jusqu'à la récession économique de 1993, le nombre annuel de naissances n'a quasiment plus cessé de grimper, sans changement majeur dans la politique familiale. Le nombre moyen d'enfants par femme (le taux de fécondité) est bien supérieur en France à ce qu'il est au Royaume-Uni, au Pays-Bas, en Allemagne, en

Espagne ou en Italie. Les Français font des enfants, ce qui traduit leur confiance envers l'avenir.

Il paraît que les Français n'ont pas l'esprit d'entreprise. Pourtant, depuis que le gouvernement Raffarin a facilité les démarches administratives liées à la création de sociétés en 2003, le nombre de créations d'entreprises a progressé de près de 30 %. Depuis les lois Dutreil sur l'initiative économique de 2003 (allégement des formalités de création, guichet unique, SARL à 1 euro...), on dénombre plus de 230 000 créations d'entreprises par an, contre une moyenne de 175 000 dans les années quatre-vingt-dix. Il s'agit bien évidemment d'une bonne nouvelle, dans la mesure où ce sont essentiellement les entreprises récentes qui innovent et génèrent des gains de productivité, mais ce sont également elles qui embauchent le plus. L'ANPE a d'ailleurs fortement encouragé certains demandeurs d'emploi à créer leur propre entreprise. Depuis 2002, le nombre de bénéficiaires de l'aide aux chômeurs, créateurs et repreneurs d'entreprises (l'Accre) a doublé. Beaucoup ont échoué, mais d'autres ont réussi. Cette stratégie n'a donc pas été tout à fait mauvaise et explique sans doute une partie du reflux du chômage depuis la mi-2005. Ce boom de la création d'entreprises devait en théorie se traduire par un envol des défaillances (en France, une entreprise sur deux environ a disparu cinq ans après sa création), mais cela n'a même pas été le cas ! Depuis les lois Dutreil, le nombre mensuel de défaillances reste compris entre 3 200 et 3 700 par mois (soit un niveau comparable à ce qu'on a pu observer par le passé.).

Ces chiffres montrent que ce ne sont pas les lois les moins médiatisées qui sont les moins efficaces. Prenons comme exemple le dispositif « jeunes entreprises innovantes ». Il permet aux PME de moins de huit ans qui engagent des dépenses de recherche et développement supérieures à 15 % de leurs charges de bénéficier d'importantes exonérations fiscales. Peu de gens le savent, mais la France a tordu le cou à ses vieux démons et est devenue un bon pays pour entreprendre (pas encore pour embaucher – il n'est pas interdit de rêver – ni pour exporter).

Ainsi, la France bouge, poussée par les entrepreneurs, les créateurs, les familles qui insufflent l'élan manquant aux élites. Non, le malade n'est pas condamné, et il n'est sûrement pas incapable d'affronter le diagnostic de ses maux. Encore faut-il avoir le courage de poser ce diagnostic et d'administrer le traitement qui s'impose. La situation présente s'accommoderait mal d'un traitement homéopathique : les réformes nécessaires pour revivifier notre économie sont sans commune mesure avec ce qui s'est fait ces vingt dernières années. Toutefois, elles constituent le prix à payer pour que la France reste (redevienne ?) un pays où il fait bon vivre et travailler, un pays qui offre, demain, des perspectives à nos enfants.

Bibliographie

ALLÈGRE Claude, *Les audaces de la vérité*, Robert Laffont, 2001.

ARTUS Patrick, « Pourquoi et comment réformer l'État ? », *La Revue parlementaire*, n° 881, juillet 2005.

ARTUS Patrick, VIRARD Marie-Paul, *La France peut se ressaisir*, Economica, 2004.

BAVEREZ Nicolas, *La France qui tombe*, Perrin, 2004.

BÉBÉAR Claude, *Le courage de réformer*, Odile Jacob, 2003.

BOURGUIGNON Philippe, *Hop !*, Anne Carrière, 2005.

CAHUC Pierre, KRAMARZ Francis, *De la précarité à la mobilité : vers une sécurité sociale professionnelle*, La Documentation française, 2005.

CAHUC Pierre, ALGAN Yann, ZYLBERBERG André, « L'emploi public : un remède au chômage ? », *Revue Économique n° 3*, vol. 53, pp. 589-598, 2002.

CAMDESSUS Michel, *Le sursaut - Vers une nouvelle croissance pour la France*, La Documentation française, 2004.

COHEN Daniel, *La mondialisation et ses ennemis*, Grasset, 2004.

DUMAS Anne, *Pourquoi nos PME ne grandissent pas*, Note de l'Institut Montaigne, juillet 2006.

FAUROUX Roget, SPITZ Bernard, *Notre État – Le livre vérité sur la fonction publique*, Hachette, 2002.

FRIEDMAN Thomas, *La terre est plate*, Éditions Saint-Simon, 2006.

FOURASTIÉ Jean, COHEN Daniel, *Les trente glorieuses*, Hachette, 2004.

GODET Michel, *Le choc de 2006*, Odile Jacob, 2006.

GODET Michel, *Le grand mensonge*, Fixot, 1999.

GUILLAUME Henri, *La nouvelle gestion publique, L'État et la performance*, Dalloz-Sirey, 2002.

JEAMBAR Denis, REMY Jacqueline, *Nos enfants nous haïront*, Seuil, 2006.

KRUGMAN Paul, VERGARA Francisco, SAINT-GIRONS Anne, *La mondialisation n'est pas coupable – Vertus et limites du libre-échange*, La Découverte, 2000.

LANDES David Saul, SENÉ Jean-François, *Richesse et pauvreté des nations*, Albin Michel, 2000.

LAROQUE Guy et SALANIÉ Bernard, « Une décomposition du non-emploi en France », *Économie et statistiques*, n° 331, pp. 47-66, 2001.

LEPELTIER Serge, *Mondialisation, une chance pour l'environnement*, Rapport d'information n° 233 du Sénat, 2003.

MARSEILLE Jacques, *La guerre des deux France*, Perrin, 2005.

MARSEILLE Jacques, *Le grand gaspillage*, Perrin, 2005.

MINC Alain, *Ce monde qui vient*, LGF, 2006.

OCDE, *Regards sur l'éducation*, ODCE, 2006.

PÉBEREAU Michel, *Rompre avec la facilité de la dette publique*, La Documentation française, 2006.

PENEFF Jean, *La France malade de ses médecins*, les Empêcheurs de penser en rond, 2005.

ROCHEFORT Robert, *La société des consommateurs*, Odile Jacob, 2001.

SAINT-ÉTIENNE Christian, *La puissance ou la mort. Quelle Europe face à l'empire américain ?*, Le Seuil, 2003.

SORMAN Guy, *L'année du Coq*, Fayard, 2006.

SORMAN Guy, *Le Capital, suite et fins*, Hachette, 1995.

STRAUSS-KAHN Dominique, *La flamme et la cendre*, Hachette, 2003.

TABELLINI Guido, WYPLOSZ Charles, *Réformes structurelles et coordination en Europe*, Conseil d'analyse économique, 2004.

VIMONT Claude, FARHI François, *Concurrence internationale et balance en emplois*, Economica, 1997.

Composé par Nathalie Bernick
Achevé d'imprimer : Jouve, Paris

N° d'éditeur : 3450
N° d'imprimeur : 422934W
Dépôt légal : février 2007
Imprimé en France